[いとう式]

高校勉強法

87.8%が
偏差値10以上
アップ!

勉強のやり方専門塾　ネクサス代表
伊藤敏雄

大和出版

はじめに

もう、誤った勉強法からは卒業しよう

まずは『［いとう式］高校勉強法』をご購入いただき、ありがとうございます。この本を執筆した伊藤敏雄と言います。ふだんは勉強のやり方を専門とした学習塾をやっています。

いきなり［いとう式］と言われても、正直ピンとこないかもしれません。この本で紹介している勉強法は、「努力の天才か⁉」と呼ばれる人しかできないようながむしゃらにやるものではありません。ごく、ふつうの人でもふつうにやれる勉強法です。それでいて高い成果を得られる、いわばコストパフォーマンスのよい勉強のやり方を追求したのが［いとう式］勉強法になります。

もちろん、この本で紹介するのは我流の勉強法ではなく、**「認知心理学」**という心理学の理論と実践に基づいた理に適った勉強法です。

実際に生徒の声に耳を傾けてみると、

「自分がいかに効率の悪いやり方で勉強していたかがわかった」
「高校に入って自分の力だけで勉強できるようになった」
「参考書の選び方一つとっても考えさせられた」

といった勉強に対する姿勢ややり方が変わったというケースがほとんどです。
自画自賛というわけではありませんが「いとう式」勉強法で、１教科でも偏差値が10以上アップした生徒は87・８％もいます。定期テストで学年順位１００人抜きはもちろんですが、模試や受験などの実力テストでも効果を発揮する、まさに正真正銘の勉強法です。

「そんなバカな⁉」と思うかもしれませんが、実は高校生の多くが効果の低い誤った方法で勉強しています。そのため、もっと伸びるはずの子が伸び悩んでいるというのが本当のところです。

では、なぜ多くの高校生が効果の低い誤った方法で勉強しているのでしょうか。それを解決するヒント、いえ答えが「いとう式」勉強法です。

第１章では、**「中学とはここが違う！ 高校生の勉強のキホン」**として、いかに高校生が非効率な勉強をしているかを紹介しています。

私は全国で高校生向けに勉強法についての講演も行っていますが、そのときに必ず勉強法に関するクイズをやってもらっています。しかし、そのクイズで全問正解できる高校生はほとんどいません。勉強ができる学力上位層の子でもです。残念ながら、それくらい多くの高校生が、我流の勉強法にこだわりすぎているのです。

第2章では、**「ズバリ、高校生には〔いとう式〕勉強法がおすすめ！」**として、定期テストはもちろんですが、受験のような実力が試される試験にも強い理由を紹介しています。また、実際に〔いとう式〕勉強法で成績を伸ばしたり志望校に合格したりした生徒の事例を掲載しています。

第3章では、「**〔いとう式〕勉強法の効果をさらに高めるコツ**」として、「**学習方略（記憶方略）**」と呼ばれる勉強のコツを紹介しています。高校生にもわかるように長年の心理学の研究で蓄積されたノウハウを英語や歴史、数学、物理などの教科の勉強と関連づけて取り上げています。

第4章では、「**点数が伸びる、推薦で有利になる！〔定期テスト〕勉強法**」として、英語、数学、地理・歴史、理科、国語と、具体的に定期テストの勉強法のキホンを紹介しています。高校のテスト勉強は中学とは根本的にちがうこと、それを意識してもらうために、1科目あたりに必要な勉強時間はどれくらいかシミュレーションしたり、学校の課題にどのように取り組んだらよいかを説明したりしています。

また、学習のコツとして**「リハーサル」「精緻化《せいちか》」「体制化」「二重符号化」**、学習計画の立て方のコツとして**「インターリーブ」「分散学習」**という心理学の研究で明らかとなっている学習の科学的な裏付けをていねいに紹介しています。

第5章では、**「確実に〝揺るぎない〟力が身につく!〔教科別〕勉強法」**として、英単語、英文法、英文解釈、長文読解、リスニングなど、さらに具体的、実践的に勉強のやり方を詳しく説明しています。国語や数学、理科(物理、化学、生物)、歴史(日本史、世界史)なども、ただ公式や用語を丸覚えするのではなく、理解しながら覚えたり、覚えたことを活用したりするコツを紹介しています。

第6章では、**「文理系統・学力レベルにも対応!〔学年別〕勉強法」**として、高校1年生から取り組んでほしいこと、高校2年生へ向けて意識してほしいことなど、学年別の勉強法のポイントについて取り上げています。

まずは、高校の定期テストのペースに慣れることが何よりも大切です。そして、得意科目を伸ばしながら苦手科目の克服にも着手するなど、高校生の勉強で大切なことを順序だてて説明しています。

志望校選びの前に、文理選択で意識すべきことは何か、定期テストだけでなく大学受験を意識するのはいつごろかなど、学年ごとに紹介しています。

このように、この本は高校に入学したての高校1年生はもちろん、2年生や3年生にとっても役立つ情報を、塾講師という長年受験の最前線にいた立場から紹介したものです。

これまで高校生向けの勉強法の本は、大学受験に特化したものだったり、東大生が自分の成功体験をつづったりしたものが多かったと思います。もちろん、そのような本はどれも素晴らしいものばかりです。しかし、高校生活のスタートでつまずいたり、いつまでも高校の勉強のペースについていけなかったりする人も少なくありません。

高校生になって、まず驚くのが授業や宿題、テストなどが中学とは大きく異なる点です。特に圧倒されるのが科目数の多さです。数学だけでもIとA、理科だけでも物理基礎や化学基礎など、中学と比べて勉強することが単純に2倍になります。当然、それぞれに対応した勉強法が必要です。

それに加え、進学校に入学した場合、周りは自分よりも優秀な生徒ばかりです。これまでとったことのない点数や順位に困惑する高校生も少なくありません。

そういう私も、高校時代は学年順位が100位台のスタートでした。がんばって努力した結果、最高で2位をとることができましたが、1位はとれませんでした。格好をつけて難しい参考書や問題集に手を出して、失敗したこともありました。

このように、もがきながらもがんばっている高校生や中学と高校のギャップにとまどい、自信もやる気も失いかけている高校生の手助けとなることを目指したのがこの本です。

この本を読んで、いったん中学のときの勉強のやり方や姿勢をリセットしましょう。そして、**高校生に必要な勉強のやり方や心構えを身につける**ようにしましょう。そのためのヒントやアイデアが、この本にはふんだんに載っているはずです。

勉強のやり方専門塾　ネクサス代表　伊藤敏雄

「いとう式」高校勉強法

CONTENTS

第1章　中学とはここが違う！ 高校生の勉強のキホン

第2章

ズバリ、高校生には「いとう式」勉強法がおすすめ！

第3章

「いとう式」勉強法の効果をさらに高めるコツ

第4章 点数が伸びる、推薦で有利になる！［定期テスト］勉強法

第5章

確実に〝揺るぎない力〟が身につく！［教科別］勉強法

第6章 文理系統・学力レベルにも対応！［学年別］勉強法

本文デザイン 村﨑和寿

第1章

中学とはここが違う！
高校生の
勉強のキホン

1

「自分に合った勉強法がある」というのは単なる思いこみ

中学生のときはなんとなくやっていた勉強のやり方が、高校生くらいになってくると「自分に合った勉強法」として定着してくる人が多いと思います。

しかし、注意してほしいのが、**自分に合っていると思っている勉強法が、実はそれほど効果的ではないことが少なくない**ということです。

ローディガーとカーピック（２００６年）は、テスト勉強に関わる興味深い実験をしています。テキストを何回も読むグループと、読んだ後に内容を書き出すグループとで、どれくらい成績がちがうかを調べました（次のページを参照）。

結果について、まず、興味深いのはテキストを何回も読むグループよりも、読んだ後に内容を書き出すグループのほうが成績がよかったということです。

教科書やノートを何回も読んだほうが頭に入ると思われるかもしれませんが、くり返し読むだけでは、あまり記憶に残らないのです。

【読む効果と思い出す効果】

ローディガーとカーピック（2006年）は、ＡとＢの２つのグループに分けた学生にテキストを読んでもらい、内容をどれくらい覚えているか調べる実験をしました。

Ａ：教科書をくり返し読む
Ｂ：教科書を読んで、内容を書き出す

直後に行ったテストでは大きな差がなかったのに対して、２日後、１週間後のテストではＢのグループのほうがよい成績を残しました。

さらにこの実験では、「自分がどれくらい覚えることができたか」を予想してもらっていますが、Ａのグループのほうが「多く覚えられた」と予想したのにもかかわらず、実際にはＢのグループのほうがよい成績でした。

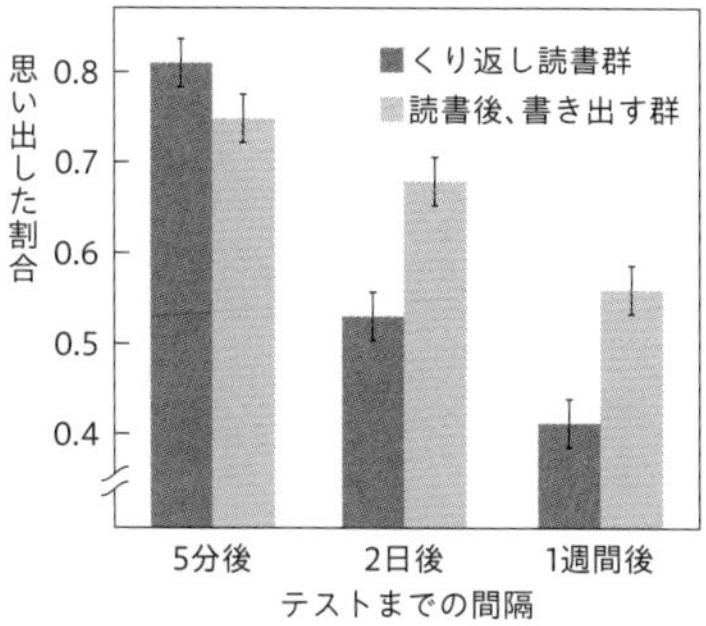

【引用】
Test-enhanced learning:Taking memory tests improves long-term retention
H L,Roediger & J D.Karpicke
Psychological science, 249-255, 2006

もう一つ興味深いのは、実験の参加者に「どれくらい覚えることができたか」を予想してもらったところ、予想と実際の結果（成績）との間に大きなちがいがあったことです。

テキストを何回も読むグループのほうが、「よくできた」と思っていました。しかし、実際には読んだ後に内容を書き出すグループのほうが成績はよかったのです。

つまり、この実験では、**自分が正しいと思っている勉強のやり方と効果的な勉強のやり方が必ずしも一致しない**ことを示しているのです。

高校生の多くがこのような思いこみで勉強をしています。本人はよかれと思ってやっているのかもしれませんが、実際には効果が低かったり、あるいはもっと効果的な方法があるのにもかかわらず、そのような方法でやっていなかったりするのです。

心理学の研究では、「**ラーニングスタイル**」と言って、特定の勉強のやり方について研究がされています。

ラーニングスタイルとは、視覚優位や聴覚優位といった特定の感覚を重視した勉強のあり方です。誤解のないように述べておくと、このラーニングスタイルには明確な効果はどうやら存在しないということです。

それでもラーニングスタイルには、まるで都市伝説のように信じられていることがあります。それは、「私は視覚優位だから、見て覚えるのが向いている」とか、「私はとにかく何回も書いたほうが覚えられる」といった特定の方法に特化した勉強のやり方がよいという思いこみです。

極端な例では、「日本史は声に出して読んだほうが覚えられるので、自習室では勉強できません。家でやってきます」と言って、自習に来なかったという子もいます。

もちろん、その子の成績はもう一つでした。

このような特定の方法が効果的ということを示すデータは今のところありません。代わりに先ほども紹介したように、ただ何回も読むよりも読んだ内容を書き出す（＝思い出す）ことで学習効果が高まるというデータは数多く示されています。

実際、高校生に教えていて、テストでよい成績をとってくる子は、そのような客観的に正しい勉強をしている子ばかりなのです。

2

テスト前日の勉強時間はテストの点数と比例しない

テスト勉強はなるべくテストの直前にやったほうがよいと思っている高校生が多いかもしれません。なんとなく正しいように思えますが、心理学の研究では必ずしもそうではないことが示されています。

ローソンとキンチュ（２００５年）は、読解とテストの関係について次のような実験をしています。科学についてテキストを読んでもらった後、テストを受けてもらうグループA、もう1回、読んでからテストを受けるグループB、1週間後にもう1回読んでからテストを受けるグループCの3つに分けてテストを行いました（次のページ参照）。

この3つのグループの中で、直後に行ったテストの成績が最もよかったのはどのグループだと思いますか。

正解は、Bのグループです。

【テストのタイミングによる読解の効果】

ローソンとキンチュ（2005年）は、学生をA～Cの3つのグループに分け、科学に関する文章を読んでもらいました。

A：1回だけ読む
B：2回続けて読む
C：1回読んで1週間後にもう1回読む

そして、それぞれのグループにすぐ直後と2日後にテストを受けてもらいました。

その結果、直後テストではBのグループが最もよい成績だったのですが、2日後のテストではCのグループが最もよい成績でした。

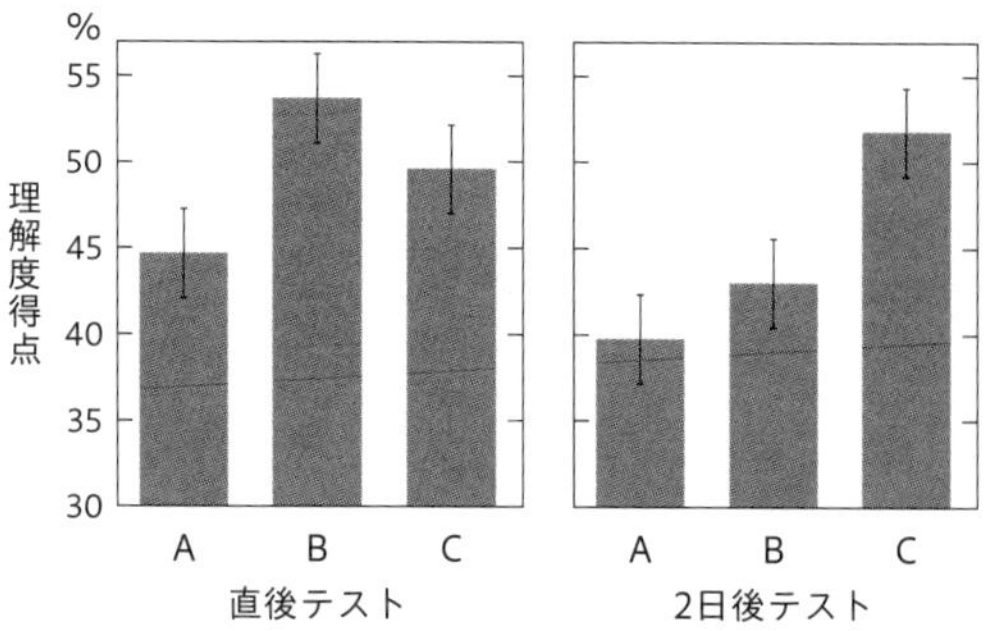

【引用】
K, A, Rawson & W, Kintsch(2005)
Rereading Effects Depend on Time of Test.
February 2005 Journal of Educational Psychology 97(1):70-80

「ほら、やっぱり直前に何回も教科書を読んだほうが効果があるじゃないか」と思った人は少なくないでしょう。

しかし、ちょっと待ってください。この実験ではテストは勉強（テキストを読んだ）の直後に行っています。翌日ではありません。

しかもこの実験には続きがあり、それは2日後にもテスト（心理学ではこれを**「遅延テスト」**と呼んでいます）を行っています。その結果、Cのグループが最もよい成績でした。

この実験の結果からわかることは、**直前にまとめて勉強しても時間が経つにつれてどんどん忘れてしまい、翌日以降のテストの点数には結びつかない**ということです。

逆に、1週間前と直前といったように勉強する日を分けた場合、翌日以降も、勉強した成果が長続きするということがわかります。

心理学では、これを**「学習の分散効果」**と呼んでいます。つまり、まとめて勉強するよりも、ある程度、日にちを空けて勉強したほうが効果的だということです。

高校に限りませんが、学校のテストはテスト期間が数日間あって、そこでまとめて行われます。つまり、テスト勉強をしてから、早くてもテストを受けるのは翌日や翌々日、日程によっては数日後の場合もあります。

もちろん、学校によっては1時間目は自習で、2時間目からテストというところもあるかもしれません。しかし、そのような特別なケースはまれですから、テスト前日にたくさん勉強しても、その成果がすべてテストに結びつくわけではありません。

では、この実験の結果からどんなことを心がければよいということがわかるでしょうか。

それはテスト週間やテスト前日などに集中して勉強するのではなく、テスト週間が始まる前からこまめに勉強するのがよいということです。

例えば、歴史のテストが月曜日にある場合、前日の日曜日に6時間勉強するよりも、2週間前の日曜日に2時間、1週間前の日曜日に2時間、そして前日に2時間勉強するなど、勉強する時間をうまく分けるようにするのです。

テスト勉強は、勉強してからテストまでの間隔を考えに入れて勉強しなければなりません。しかし、高校生でそこまで意識して勉強できる人はほとんどいません。それどころか、自分がよいと思った方法、いわば我流の勉強法をしている人が大半です。

3

英単語や重要語句を書きまくる方法は時間の無駄

私が全国の高校で勉強法の講座を行っているときに、必ず高校生にやってもらっていることがあります。それは勉強法に関する簡単なクイズです。

【勉強ができる人の勉強法にあてはまるものに○、そうでないものに×】

1. 英単語や漢字は何回も書いて覚える……………（　　）
2. 問題集は何周も同じ問題をやる…………………（　　）
3. わからない問題は調べながら解く………………（　　）
4. テスト前は夜遅くまで勉強する…………………（　　）
5. わからないことはYouTubeで検索する…………（　　）

驚いたことに、このクイズで全問正解する高校生はほとんどいません。

あなたはこの本を手に取って読んでいるくらいですから、ふだんからしっかり勉強ができる人だと思います。しかし、そういう勉強熱心な人でも、科学的に正しくない勉強をしている人が少なくありません。

自分が正しいと思った勉強法でも、科学的にはまちがっていたり効果が低かったりするので注意が必要です。

では、正解も気になるでしょうから、一つずつ確認していきましょう。

1．英単語や漢字は何回も書いて覚える……………（×）

あるテレビ番組で、「東大を目指す受験生に、このやり方は（東大に）落ちると思った勉強法は？」とたずねたところ、最も多かった回答が、「英単語や重要語句を何回も書きまくる」という方法でした。

確かに、英単語でも歴史上の人物でも何十回も何百回も書きまくれば、そのうち覚えられるかもしれません。実際、Instagram や Twitter などの投稿を見ていると、ノートやルーズリーフに英単語や重要語句がびっしり書かれたものがアップされているのをよく見かけます。

しかし、これは時間と労力をかけた割にはすぐに忘れてしまう、非常に効率の悪い勉強の仕方です。

例えば、ラクスマンという人物を覚えるとして、次のようにノートやルーズリーフに何回も書いたとします。

ラクスマン　ラクスマン　ラクスマン　ラクスマン　ラクスマン　ラクスマン……

このような勉強をしている人は、「長崎に来航したロシア人は?」という問いに、喜び勇んで「ラクスマン」と答えます。

ところが残念ながら、答えはラクスマンではなくレザノフです。ラクスマンは長崎ではなく、根室に来たロシア人だからです。

このように何回も書きまくる方法はカタカナの練習にはなっても、必ずしもテストの点数につながる知識にはなりません。それに、たとえ知識として身についたとしても、時間が経つと忘れてしまったり、レザノフ（ほかの知識）とこんがらがってしま

ったりします。

これは、英単語や漢字でも同様です。

assume　assume　assume　assume　assume　assume　assume　assume……

確かに、assumeと、何回、何十回と書けば、そのうち手が（勝手につづりを書けるように）覚えてくれるかもしれません。しかし、単語だけを何回も書き取りしても、その単語の意味（日本語訳）までは覚えられません。

英単語の勉強の基本は、まず意味を覚えることです。「assume＝当然と思う、仮定する」と意味まで覚えることができて、初めて勉強と言えます。

それに、高校ではassumeのほかにconsumeやresumeなど似た単語も覚えなければいけません。何回も書きまくるだけでは、これらのちがいまでは覚えられません。

つまり、**何回も書きまくるやり方は、時間と労力をかけた割には効果の低い勉強法**なのです。

4 問題集を何周もくり返しやるのは効率が悪い

高校では、問題集やプリントの問題を解くことが勉強の中心になります。先ほどのクイズの2番目の答えですが、実は正解とも不正解とも言えません（笑）。

2. 問題集は何周も同じ問題をやる……………（△）

確かに問題集はくり返し解く必要はありますが、できる問題を何回もやる必要はありません。

詳しくは、第2章の「テスト効果」のところで紹介しますが、**できる問題をくり返し解くよりも、できなかった問題だけをくり返し解いたほうが勉強時間は少なくてすむ**からです。

中学生のときは、問題集を2周、3周もやれば、テストでよい点がとれたかもしれません。ところが、高校は科目数が単純に2倍になり、難易度は中学生のときと比べて2倍も3倍も難しくなります。

数学はⅠやA、英語は論理表現や英語コミュニケーション、国語は現代の国語や言語文化、理科は化学基礎、物理基礎、生物基礎など、地歴公民は地理総合や歴史総合、それに情報も学ばなければいけません。

これら一つひとつの科目について、問題集やプリントを2周も、3周も、4周もやっている時間的な余裕はありません。しかも、勉強する内容が難しくなっているので、中学生のときと比べて解けない問題やわからない問題がたくさん出てきます。

ですから、ここで大切なのは逆転の発想です。解ける問題はすでにわかっている問題なので、くり返し解く必要はありません。一方、解けなかった問題はわかっていない問題なので、解けなかった問題だけをくり返し解けばよいのです。

このように、無駄なことをやらずに学習成果を最大限に高める、いわば効率がよい勉強法が高校では大切になります。

5

「調べ勉」「ながめ勉」は点数につながらない

数学や物理などで点数に結びつかない勉強法で最も多いのが、教科書などで公式を調べながら解く**「調べ勉」**です。

ですから、3つ目のクイズの正解は「×」になります。

3. わからない問題は調べながら解く……………（×）

よくよく思い出してみてください。テストで教科書や参考書を調べながら解いてもよいでしょうか。

それ、思いっきりカンニングですよね。そう、**教科書などで公式や解法などを調べながら問題を解いても、それは自分の力で解いたことにはならない**のです。

確かに数学や物理では公式が思い出せなくて、調べてしまうこともあるでしょう。

しかし、それではわかったつもりにはなっても、テストの点数には結びつきません。

そこで、次のようにやり方を工夫するようにしましょう。

①何も調べずに自分の力だけで解ける問題は、問題集・プリントに解いていく

②もし、解き方がわからずに教科書や解答・解説を見た場合は、問題番号にチェック印をつけ、別に専用のノートを用意しておいて、そちらに解くようにする

こうすることで、どんなメリットがあるかというと、**自力で解けた問題（わかっている問題）と解けなかった問題（わかっていない問題）が一目で見てわかる**ことです。

解き方や答えを調べた問題は、自分がわかっていない問題と潔く認めましょう。

そして、クイズの2つ目とも関係しますが、2周目以降はチェック印をつけた問題だけを解いていきます。こうすることで、わかったつもりになることも防げて、解けなかった問題だけをくり返し解くことができるので、効率よく勉強することができます。

もう一つ、効果の低い勉強法に**「ながめ勉」**があります。

「ながめ勉」とは、教科書やノート、英単語などをただながめるだけの勉強法です。

高校生のほとんどが、なんらかの形で「ながめ勉」をしています。

「ながめ勉」の効果が低い原因の一つに、テストと同じ条件で勉強ができていないことが挙げられます。

例えば、英語の授業では教科書やノートに写した本文に単語や熟語の意味、構文など、読解のヒントになることを書きこみます。

しかし、知っての通りテストで出題される問題文には、そのような書きこみはいっさいありません。まっさらな状態です。つまり、一生懸命、教科書やノートに書きこんだヒントが全く使えないのです。

当然と言えば当然のことなのですが、この重要な事実に気づいていない高校生が少なくありません。

この場合は、**テストの問題用紙と同じように、ヒントが何も書かれていないまっさらな状態のものを読んで、意味を考えたり設問に答えたりする練習が必要**です。

これをしない限り、テストの点数に結びつく可能性は低くなります。

6 テストの前夜に遅くまで勉強すると点数は下がる

「高校生の勉強あるある」で最も深刻なのは、テスト前日に睡眠時間を削ってでも勉強する子がいることです。クイズの４つ目の答えは、当然×です。

4．テスト前は夜遅くまで勉強する……………（×）

記憶は夜、眠っている間に定着するという性質があります（厳密には、適度な睡眠をとったほうが忘れる量が減る）。

これにも、明確な実験の結果があります。

テスト勉強をしてしっかり睡眠をとったグループと睡眠時間を削ってテスト勉強をしたグループとでは、**テスト勉強をしてしっかり睡眠をとったグループのほうが点数がよかった**というものです。

そもそも寝る時間を削ってしまっては、翌日、眠くてテストに集中できないでしょう。

テスト直前に勉強する高校生が多いのは、なるべくテスト前に詰めこんだほうが効率がよいと思っているからかもしれません。

しかし、高校の勉強はテスト前だけ詰めこんで、なんとかなるような量でも質でもありません。それにここまで紹介してきたように、高校生が効果的と思っている勉強のやり方の多くが、実は科学的に正しくないということが少なくありません。

クラスメイトや先輩の中には、テスト前に夜遅くまで勉強したことを、自慢げに語る人もいます。中には、それでも成績上位の人もいますが、それはその人がふだんも勉強しているからかもしれませんし、逆に、テスト前にしっかり睡眠をとったら、もっとよい成績がとれるかもしれません。

つまり、独りよがりの勉強法の可能性が高いのです。

テスト前日だからといって、寝る時間を削って勉強しても、実はよいことは一つもないのです。

7 わからないことをそのままにしない

ここまでクイズにそってお話ししてきましたが、最後の答えは○です。

5. わからないことはYouTubeで検索する………(○)

わからないことは自分で考えることも大切ですが、調べることはもっと大切です。そのとき、**「動画」**で調べると効果的です。例えば、remember to do と remember doing のちがいがよくわからなかったとき、覚えるのではなく、ネット検索にかけてみます。

すると、41ページに紹介したように、to do と doing のちがいから解説してくれるサイトや動画がたくさん出てきます。

こうした説明は、学校で使用している教科書や参考書に載っていることは少ないようです。代わりに、ビジネスマン向けに市販されている参考書には載っていたり、YouTubeなどの動画では詳しく紹介されていたりします。

残念なことに、**わからないことをわかりやすく説明してくれるための教材として、学校の教科書や問題集はあまりにも不向き**なのです。

ですから、YouTubeなどの動画をわかりやすい教材としておすすめします。有名予備校講師や動画作成がうまい人がまとめた動画は、正直なところ、学校の授業よりわかりやすいものばかりです。

つまり、YouTubeは、わかりにくいことや詳しく知りたいことをトピックス的に学ぶのには向いているのです。

ただし、YouTubeだと一覧性に欠けるため、体系的にまとめて学ぶには向いていません。

そこで、**動画でおすすめされていた参考書や問題集など、書籍を購入してじっくり取り組むのがよい**と思います。

41ページの説明も、大西泰斗著、Paul C. McVay著『総合英語 FACTBOOK これからの英文法』（桐原書店）を参考にしています。

【to doとdoingはちがう】

中学校ではto doとdoingは、どちらも「～すること」で、同じと教えてもらったと思います。実は、両者には明確なちがいがあります。

・to do ……これからすること（これから動詞）
・doing……具体的なイメージ（リアリティ動詞）

to doには「これからすること」という意味があり、want to do（～したい）、decide to do（～すると決心する）、promise to do（～するのを約束する）など、これからすることに対して使います。ですから、want doingという形にはならないのです。

一方、doingには「具体的にその場面が思い浮かぶ状況」を表しているため、enjoy doing（～して楽しむ）、finish doing（～し終える）などは、後にingの形（動名詞）が続くのです。

高校では、rememberやtryなど後に続くのがto doとdoingかで意味が異なる動詞を学びます。

・remember to do
「（これから）～することを覚えている」
・remember doing
「（具体的なイメージ）～したことを覚えている」

このとき、to doやdoingがもつニュアンスを理解していれば、丸暗記する必要がなくなります。高校では、こうした深い理解をともなう勉強、つまり、量より質の勉強を心がけなければなりません。

【参考】
大西泰斗著、Paul C. McVay 著『総合英語 FACTBOOK これからの英文法』（桐原書店）

8

先生や友人など、他人の勉強法をまねてはいけない

高校生の勉強法について調べた調査があります。参考書選びや勉強のやり方など、勉強に関する情報をどこから手に入れるかについて調べたものです。

これまでは**学校の先生が1位だったのに、ついにYouTubeが1位**になりました。これはネット検索の中でも動画検索が支持された結果のあらわれと言えるでしょう。

とはいえ、それでもクラスメイトがやっていたり、学校の先生がおすすめしていたりする勉強のやり方をそのまま真に受けてしまう人が少なくありません。

あるとき、塾生から「先生（＝私）は『日本史の勉強は、まず一問一答式をやりなさい』って言うけど、学校の先生は『まず教科書を読んで、一問一答式はテスト直前に確認としてやりなさい』って言ってましたけど、どっちですか」と質問されたことがあります。

「私と学校の先生のどっちを信じる？」と聞くと、その生徒は「先生（私）」と答え

【中高生の「勉強方法」の情報収集、「学校の先生」を抑え「YouTube」が最多】

（2022年9月1日・コクヨ調べ）

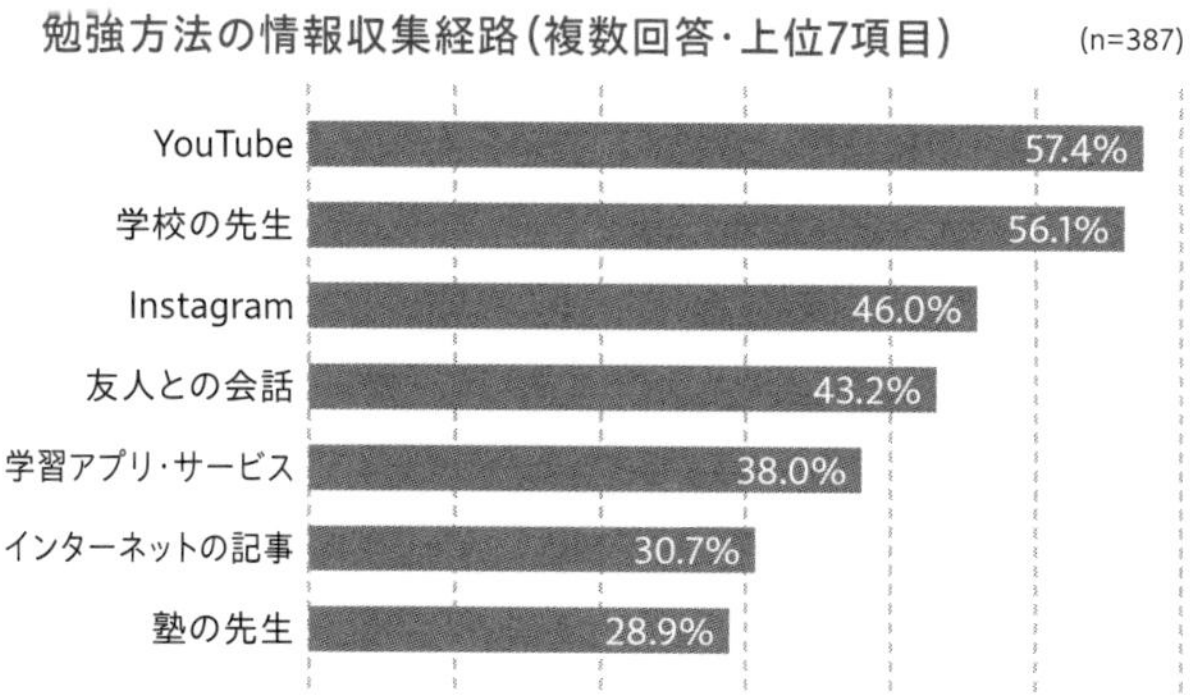

大手事務器具メーカーのコクヨは、全国の中学生171人と高校生216人の合計387人を対象に実施した、「中高生の学習方法と探究に関する調査」の結果をまとめ発表しました。

これによると、「勉強方法の情報収集経路」をたずねたところ、最も多かったのは「YouTube」の57.4%で、「学校の先生」56.1%をやや上回っています。

ました。

このように、塾生には教科書を読む前に、まず一問一答式（ただし、出題頻度の高い★2〜3の問題だけ）をやるように指示しています。

これにはいろいろ根拠があります。まず、学校の先生は歴史が好きで先生になった人なので、教科書をさらりと読むだけでだいたいのことを覚えることができてしまいます。**歴史が得意な人に勉強法を聞いても、それは得意な人だけができる特殊な方法の可能性が高い**のです。

もう一つは、基礎となる学力のちがいによって重視すべき勉強が異なることです。例えば、野球の初心者ならキャッチボールや素振りから始めるのは当然です。一方、ある程度、経験を積んでいる人は、次の段階の練習を行うほうがよいでしょう。

その生徒は、日本史の偏差値が30台しかありませんでした。このレベルでは、そもそも教科書を読んでもわからないことだらけです。そのため、まずは最低限の基礎を身につける必要がありました。そこで、教科書を読むことよりも、まずは一問一答式をやるように指示していたのです。

ここまで紹介してきたように、教科書やノートをただ読むだけではテストの点数にはつながりません。残念ながら学校の先生のやり方は正しくありませんでした。

代わりに、思い出す練習（心理学では「**検索練習**」と呼びます）をするほうが効果的ということがわかっているので、そのような勉強をすべきなのです。ただし、**高校生が一人で思い出す練習をするのは難しいので、一問一答式をやってもらっている**のです。

ほかのケースも考えてみましょう。例えば、成績がよい人が夜遅くまで勉強していたとします。自分もそのようにまねをする前に、「テスト前 遅く 勉強」というキーワードでネット検索をしてみましょう。その勉強法が科学的に正しい（すべての人にあてはまる）かどうかを調べてみるのです。

結果は、先ほども紹介したように、寝る時間を削ってでも勉強している人は、むしろ成績を下げているということがわかるはずです。

このように学力のレベルに応じて、まずやらなければいけないこともあれば、成績などに関係なく全員が心がけなければいけないことがあります。そのため、**先生やクラスメイトの勉強法を安易にまねしないようにすることが大切**です。

9

「まとめノート」は99%の人が失敗する

ここでは**「まとめノート」**の問題点を取り上げたいと思います。

Instagram や Twitter などで、「#勉強ノート」や「#ノートまとめ」で検索すると、何万件もヒットします。漢字や重要語句をびっしりとすき間なく書き埋めたものだったり、教科書や参考書の要点のまとめを写したものだったりさまざまです。

多くの時間と労力をかけてまとめたのかもしれませんが、これも効果が疑わしい残念な勉強法と言えます。

そもそも、あなたは何のためにまとめノートを書くのでしょうか。きっと、重要なことを覚えたり理解したりするためでしょう。つまり、これは**「ねらい（目的）」**です。

では、目的を達成するための**「手立て（手段）」**には何があるでしょうか。ざっと、書き出しただけでも次のようになります。

【目的】……覚えたり理解したりする
【手段】……くり返し読む
思い出す
問題を解く
テストする
まとめる

「覚える」や「理解する」といった目的を達成するためには、「くり返し読む」「思い出す」「問題を解く」「テストする」など、さまざまな手段があることがわかります。その中の一つに「まとめる」があるでしょう。

本来、このように目的に応じて手段を考えなければいけません。

それにもかかわらず、まとめノートを書く人は、ほとんどの人が目的を見失ってしまい、**いつの間にかノートを書くことが目的になってしまっている**のです。

これではテストの点数がよくないのは当然です。

もう一つの問題点として、具体的にどうやってまとめノートを書いたらよいかがわからない人が大半という、やり方の問題が挙げられます。

まとめノートを書くためには、何がわかっていないかがわかる必要があります。心理学では、これを「**メタ認知**」と呼びます。

ところが、メタ認知できる人はそんなに多くはいません。わからないことがわかり、どうすればわかるようになるかがわかっているのであれば、みんな苦労はしません。

そのため、大半の人はいつの間にか本来のねらいを忘れて、まとめノートを書くことがねらいになってしまうのです。

しかも、どうやってまとめたらよいのか具体的な方法を知らないので、とりあえず教科書や参考書などの要点のまとめをノートに丸写しして、まとめた気分になってしまうのです。

しかし、教科書や参考書というのは、そもそも誰かがすでにまとめたものであり、それを高校生がまとめ直しても、うまくまとまるはずがありません。

こうして、本来のねらいである「覚える」とか「理解する」が達成されないまま、ただ時間と労力だけが無駄になってしまうのが、まとめノートというわけです。

10 「詰めこみ型」から「理解・定着型」の勉強へシフトしよう

ここまで高校生がやっている勉強のやり方が、あまり効果的でないことを紹介してきました。

では、高校生がこれからどういう勉強をやっていったらよいのか、この章の最後に紹介したいと思います。

それは、「詰めこみ型」の勉強から「理解・定着型」の勉強へと変えることです。

「詰めこみ型」の勉強は、中学校の定期テストや高校受験までは通用します。

しかし、**高校の定期テストや大学受験では、「詰めこみ型」の勉強はほとんど通用しません**。

「詰めこみ型」の勉強は、心理学では**「集中学習」**と呼んだり**「ブロック学習」**と呼んだりします。

一般に、詰めこみというと教科書やノートを読まずに、ただ丸暗記することのように思われているかもしれませんが、私は少しちがうと考えています。

この場合の詰めこみとは、いわゆる一夜漬けのような比較的短い期間しか成果が続かない覚え方のことです。

ここまで紹介してきた、勉強してすぐに行うテスト（直後テスト）ではよい成績を残せても、数日後や1週間後のテスト（遅延テスト）ではよい成績を残せない覚え方です。

このような勉強法を、心理学では「集中学習」と呼んでいます。

また、**「ブロック学習」と呼ばれる勉強の仕方も、このような一夜漬けの知識になりがち**です。

詳しくは第3章で紹介しますが、ブロック学習とは同じパターンの問題を続けて勉強する方法です。

例えば、高校の数学では順列・組合せという単元があります。

順列の問題だけをたくさん解いても、順列の問題が解けるようになるだけで、組合せの問題が解けるようにはなりません。

もちろん、組合せの問題だけをくり返し解いても、組合せの問題は解けるようになるかもしれませんが、順列の問題が解けるようにはなりません。

つまり、順列なら順列だけ、組合せなら組合せだけというブロック学習をしていることになります。

もちろん、ブロック学習自体が悪いわけではありませんが、少なくともテストでは順列の問題か組合せの問題かわからない状態で出題されます。

ブロック学習だけをしていると、「この問題は順列なのか組合せなのか」という判断があやふやなまま、テストの問題を解くことになります。

その結果、**どららの解き方で解けばよいかわからなくなってしまい、思うように点数がとれなかった**ということがよくあります。

このようなことになってしまう原因は、この問題で問われていることは何かを考えることなく、ただ問題集の問題を解くような「詰めこみ型」の勉強をしてきたからです。

では、どのような勉強が「詰めこみ型」ではなく、「理解・定着型」なのでしょうか。

それは、一度、身についた知識や技能が長続きする覚え方です。

ここまで紹介してきたような、数日後や1週間後、場合によっては1カ月後、半年後も長続きする覚え方です。

「理解・定着型」の勉強をすれば、記憶は長続きします。

結果として、定期テストはもちろん、模試などの実力テストでもよい成績を残すことができます。

そのためには、心理学の実験で明らかになっている科学的に正しいやり方で勉強することが必要になります。

第2章以降では、その方法を紹介していきたいと思います。

第2章

ズバリ、高校生には[いとう式]勉強法がおすすめ!

1
「いとう式」勉強法なら定期テストにも受験にも強くなれる！

第1章では、あなたがふだんやっている勉強の中には、効果があまりないやり方があることを紹介してきました。

では、効果のある勉強法とは、いったいどんなものなのでしょうか。

それは「テスト効果（testing effect）」と呼ばれるものを活かした勉強法、すなわち「いとう式」勉強法です。

詳細については次の項目で紹介しますが、頭に詰めこむ（インプットを重視した）勉強よりも、思い出す（アウトプットを重視した）勉強のほうが効果的なのです。

高校生に多い勉強法には、問題集をくり返し解く、ノートに単語や語句を書きまくる、教科書やノートをながめるなどがあるでしょう。

これらのやり方に全く効果がないわけではありませんが、時間や労力をかけた割に効果が低いのが問題です。特に高校の勉強は中学校と比べて質も量も格段に上がっています。質より量の勉強をしていては、定期テストや大学受験に間に合わないのです。高校の定期テストは、中学校と同じように年に5～7回ほどあります。単純計算で1、2カ月に1回。しかし、中学校とちがうのは、テスト科目が2倍もあることです。どうしても効率よく勉強する必要があります。

そこで、心理学では特に有名な**「テスト効果」**を取り入れた勉強法が重要になってくるのです。テスト効果は、インプットよりもアウトプットを重視したほうが覚えやすいということですが、高校生がインプットとアウトプットを明確に意識して区別することは、なかなか難しいと思います。

そこでアウトプットを重視した覚え方として、まずは**「小テスト」**をすすめています。具体的なやり方は教科別の勉強法のところで紹介しますが、中でも一問一答式は小テストをくり返すことで、手っ取り早くテスト効果を得ることができる勉強法です。

まずは、**英単語、漢字、歴史などの重要語句は、一問一答式で小テストを行うことが最も効率のよい勉強法**になります。

もちろん、これだけですべてがうまくいくわけではないので、それ以外のやり方についても順を追って紹介していきます。

2

勉強の効率がグンと上がる「テスト効果」とは？

「テスト効果（testing effect）」とは、一言で言ってしまえばテスト形式でアウトプットをすると学習効率が高まる現象です。第1章では「検索練習」と呼ぶこともありましたが、頭という押し入れに詰めこむよりも、頭から引き出す（思い出す、検索する）ことが何よりも大切ということを意味しています。

心理学の実験で「テスト効果（学習における検索の重要性）」を示したものがあるので紹介しましょう。

カーピックとローディガー（２００８年）は、学生にスワヒリ語を覚えてもらう実験を行いました。

どれくらい覚えたか一通りテストで確認した後、復習の方法と再テストの方法でグループをA～Dの４つに分けて、実験が続けられました（次のページ参照）。

結果は興味深いことに、まちがえた問題（誤答）だけを再テストしたCとDのグ

【テスト効果（学習における検索の重要性）】

カーピックとローディガー（2008年）は、学生にスワヒリ語を覚えてもらう実験を行いました。一通り単語を覚えてもらった後、次のA～Dの４つのグループに分けて実験が続けられました。

A：全問復習　　　+ 全問再テスト
B：誤答のみ復習 + 全問再テスト
C：全問復習　　　+ 誤答のみ再テスト
D：誤答のみ復習 + 誤答のみ再テスト

４つのグループの最終テストの成績は、次のようになりました。

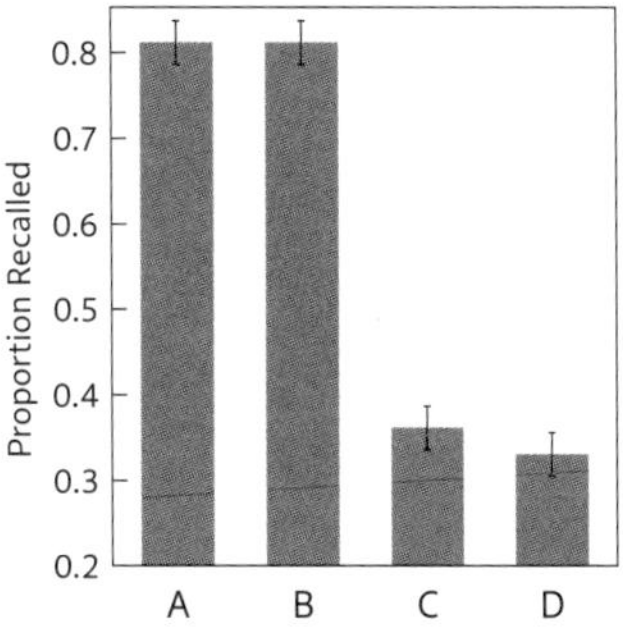

AとBのグループが同じくらい成績がよかったのですが、興味深いのは誤答のみ復習したBのグループも、全問復習したAのグループと同じくらいよい成績だったことです。

【引用】
J.D., Karpicke and H.L., Roediger（2008）
The Critical Importance of Retrieval for Learning Science 319, 966-968

ループよりも、全問再テストしたAとBのグループのほうが成績がよかったことです。**これは、テストをすること自体に学習効果がある**ことを示しています。

さらに興味深いのが、全問復習したAのグループとまちがえた問題だけを復習したBのグループとで、最終テストの成績はどちらも変わらずよかったことです。

これらの結果からわかることは、**復習はまちがえた問題だけでよく、すべての問題を復習する必要はない**ということです。

これが「テスト効果」を活かした勉強法の特徴です。ただし、これにはある条件があります。

それは、ある程度の間隔で一通りテストをやってみる必要があることです。

ところがこの重要なことを高校生に誤解がないように伝えるのは割と大変です。ですから、私の塾では、基本的な手順を次のように示しています。

1. 問題集やプリントをノートなどに解く（事前テスト）
2. まちがえた問題だけをくり返し復習する
3. 最後に問題集やノートに書きこんで解く（確認テスト）

3 記憶のしくみがわかれば「忘れない覚え方」が身につく

あなたは、「覚える」と言われたら、どんなことをイメージしますか。
実は、記憶には、符号化、貯蔵、検索という3つのプロセスがあります。

【符号化（記銘）】……情報を取りこみ、意味のある記憶として保存するまでの過程
【貯蔵（保持）】………覚えたことが維持されたり他の知識と結びついたりする過程
【検索（想起）】………覚えたことを呼び出す過程

多くの人が、「覚える」とは符号化（＝頭に詰めこむこと）をイメージするようですが、**3つのプロセスの中で最も重要なのは検索（＝思い出す）**です。
「覚える」という行為には、浅い処理から深い処理まであります。全く知らない、知っている、よく知っているといった具合に段階があるのです。

簡単に説明すると、**「符号化」**とは、全く知らない状態を知っている状態にすることです。

英単語で言えば、全く見たことのない単語が、見たことはあるけれど必ずしも意味まではよく覚えていないという状態にすることです。もちろん、もっと深い処理をすれば、意味をよく知っている状態にまですることができます。

記憶の研究では、基本的には一度覚えたことは忘れないと考えられています。では、**なぜ「忘れた」という現象が起こるのかというと、記憶を取り出せない（＝思い出せない）状態になっていると考えられるから**です。

頭の中のどこかにあるけれど、それをすぐに取り出せない状態が思い出せない状態なのです。

ですから、記憶の3つのプロセスの中で一番のポイントになるのは、「いかに効率的に思い出すか」という**「検索」**の部分です。

つまり、「テスト効果」を最大限に得るためには、小テストをくり返すことで思い出す練習（＝検索練習）をするのが一番なのです。

4 「スモールステップ」で基礎から応用までをマスターする

それでは、ただ思い出す練習（検索練習）をすれば、テスト効果が得られるのでしょうか。基本的にはその通りですが、それでは効率的とは言えません。

まず、人間には「**モチベーション（やる気）**」というものがあります。困難な課題に直面したとき、あきらめないで続けられるかはモチベーション次第です。

モチベーションが適度に維持される状態は、正答率が8割程度の課題を解いているときとされています。難しすぎる課題でもだめですし、簡単すぎる課題でもいけません。

しかし、正答率が8割程度の課題は人によって異なります。

数学が得意な人は、教科書の例題レベルなら、ほぼ100%正解できるでしょう。

ところが、数学が苦手な人は教科書の例題レベルの問題でも難しいかもしれません。

人によっては、ほとんどわからないということもあります。

このように、モチベーションが維持できる適度な課題というものは人によって異なります。

ですから、**自分のレベルに合った課題に取り組む**必要があります。

高校では、単語帳や問題集など、学校によって異なるものの、学年で統一された教材を使うのが一般的です。

例えば、受験対策用の数学の参考書として昔から有名なのが、数研出版の『チャート式』です。『チャート式』には、白、黄、青、赤などの色分けがあり、それによって難易度が異なります。私の母校では青チャートを使っていて、旧帝大レベル（東大、京大、阪大など）を目指す人が取り組むには最適ですが、それ以外の人にとっては少し難しい参考書になってしまいます。

単語帳なども同様で、国公立大を目指すのであれば、まずは旺文社の『英単語ターゲット１９００』から始めるのがよいでしょう。それ以上の旧帝大や難関私大レベルを目指すのであれば、もう少し難易度の高い単語帳で勉強する必要があります。

いずれの場合も、まずは**自分の今の学力に見合った基礎レベルの教材から勉強する必要があります**。

そのような原則を「スモールステップ」と呼びます。

5 できる問題はとりあえず「スキップ」する

高校の勉強は、とにかく時間との戦いです。

通学の時間もあれば、部活の時間もあり、学校から出される課題をこなす時間も必要です。もちろん、休日には羽目を外して遊ぶ時間も必要でしょう。

そうなると、いかに少ない時間や労力で高い成績を残すかが重要になります。

つまり、**コストパフォーマンスの高い勉強をすることが大切**なのです。それが「テスト効果」を活かした勉強法です。

「テスト効果」に関する研究では、テストをすること自体に学習効果があることがわかっています。

また、全部の問題を復習するか、まちがえた問題だけを復習するかは、テストの結果にはあまり関係ありません。それならば、まちがえた問題だけを復習したほうが勉強時間の節約になることは明らかです。

「テスト効果」を活かした勉強法では、**できる問題はとりあえず飛ばして（スキップして）よい**ということが言えます。

この「**スキップ**」のプロセスには、わかっている問題とわかっていない問題を区別するというねらいがあります。少なくとも、まちがえた問題や解けなかった問題はわかっていない問題と言えるからです。

ですから、次のように一通り問題集を解いた後、2周目以降はできなかった問題（例えば、1、3、6、7、9番の問題）だけを解くようにして、できた問題は「スキップ」しても問題ありません。

▼「スキップ」の手順（数字は問題番号）

1周目→1 2 3 4 5 6 7 8 9 10（全問解く）
2周目→1 3 6 7 9（1周目でまちがえた問題だけを解く）
3周目→6 9（2周目でまちがえた問題だけを解く）
4周目→9（3周目でまちがえた問題だけを解く）

6
できなかった問題には必ず「チェック印」をつけておく

問題を解くときに一つだけ注意してほしいのが、**教科書やノート、参考書などを調べながら解かない**ということです。

例えば、数学や物理で $(a+b)^3=a^3+3a^2b+3ab^2+b^3$ や $v=v_0+at$ などの公式がなかなか覚えられないので、教科書などで調べて公式を見ながら解く人がいます。

英語では単語の意味がわからないので、辞書で意味を調べながら解いたり、歴史では人名や漢字がわからないので、教科書などで調べながら解いたりする人がいます。

しかも、こうやって調べた問題でも、何食わぬ顔で「解けた問題」として丸をつけている人がいます。しかし、これは**「わかったつもり」になる、非常に危険な勉強のやり方**ですので、絶対にやめましょう。

そもそも、テストでは教科書を見ながら解くことはできません。調べながら解いた問題は、自力で解けなかった問題です。自力で解けなかった問題は、わかっていない問題なので、「まちがえた問題」と同じ扱いにすることが大切です。

その場合は、**できなかった問題には✓（チェック印）をつけておく**ようにします。こうすることで、わかっている問題とわかっていない問題とを区別することができるからです。これは問題集だけでなく、プリントや英語の単語帳などでも同様です。

あとは、チェック印のついた問題をくり返し復習するようにします。

▼✓（チェック印）をつける問題

- **まちがえた問題**
- **空欄など解けなかった問題**
- **教科書などを調べながら解いた問題**
- **誰かに教えてもらった問題**

2周目以降、何度もまちがえるようなら、その都度、2つ、3つとチェック印をつけ加えるなど、工夫をするようにしましょう。

7 最後に一通り「確認のテスト」を行う

「テスト効果」を得るために最も大切なことは、**すべての問題について一通り「確認のための「テスト」を行う**ことです。

復習だけでなく確認テストも、まちがえた問題だけでよい気もしますが、実験の結果はそうではありませんでした。

最後に確認のために、すべての問題についてテストを行うことが「テスト効果」を得るためには欠かせません。

それでも解けた（わかった）問題はスキップして、わからない問題だけを復習しているのですから、すべての問題をくり返し解く場合より勉強時間は少なくてすみます。

しかもテストの結果は変わらずよいのですから、これは**最もコストパフォーマンスのよい勉強法**と言えます（次のページ参照）。

▼すべての問題をくり返し解いた場合（数字は問題番号）

1周目	1	2	3	4	5	6	7	8	9	10
2周目	1	2	3	4	5	6	7	8	9	10
3周目	1	2	3	4	5	6	7	8	9	10
4周目	1	2	3	4	5	6	7	8	9	10
確認テスト	1	2	3	4	5	6	7	8	9	10

▼解けた問題を「スキップ」した場合

1周目	1	2	3	4	5	6	7	8	9	10	（すべての問題を解く）
2周目	1		3			6	7		9		（1周目でまちがえた問題だけを解く）
3周目						6			9		（2周目でまちがえた問題だけを解く）
4周目									9		（3周目でまちがえた問題だけを解く）
確認テスト	1	2	3	4	5	6	7	8	9	10	

解けた問題を「スキップ」したほうが勉強時間は少なくてすむ

8

【Aさんの事例】センター試験（当時）で8割以上得点

ここからは、テスト効果を活用した勉強法、すなわち［いとう式］勉強法で、どれだけ成績が上がったか、いくつか事例を紹介していきたいと思います。

まず、中学時代から私の塾に通っていたAさんの事例です。

Aさんは、中1のときにある個別指導塾に通っていました。その塾では個別指導のはずなのに「講師1名に生徒2名」という形式でした。

そのため、講師がもう一人の生徒につきっきりで、質問をしても「ちょっと待っててね」と待たされることが多かったので、私の塾へ転塾してきました。

私の塾は少人数による一斉授業と個別指導による問題演習や解き直しという特殊な形式をとっています。しかし、「勉強のやり方を教えて、その通りやっているかチェックするので、必ずしもマンツーマンで指導する必要はない」と伝えると、Aさんは快く入塾を決めてくれました。

そんなAさんは、中学・高校と5年半、私の塾に通ってくれました。あるとき、Aさんに私の塾へ通ってよかったことは何か聞いたところ、「数学で一度解けた問題は解かなくてもよいことや、納得できるまで解説を読めば、自分の力だけで勉強ができるようになることを教えてもらえたこと」と答えました。

それまでは、数学の問題集を3周も4周もやっていて、ただただ時間だけがかかるやり方だと疑問に思っていたそうです。それ以前のAさんは、一度解けた問題も含めて、問題集のすべての問題を何周も解いていたのです。

私が「できなかった問題だけをくり返し解けば、全部の問題を解き直すよりも時間が少なくてすむよ。しかも、勉強した成果は全部の問題を解いたときと変わらないから」と伝えると、最初は驚いたようですが、納得してその通りやってくれました。

後にAさんは、「ホントこの塾で、効果的な勉強のやり方を教えてもらってよかった」と言っていました。そうでなかったら、高校でも数学の問題集を何周もくり返し解くという効率の悪い勉強をするところだったと語ってくれました。

ちなみに、Aさんは現在の大学入学共通テストにあたる大学入試センター試験で、私よりも高い得点を残し、推薦で公立大学へ進学しました。

9 【Bくんの事例】高校から私の塾に通って国立大学の理系学部に合格

工学部の機械系の学科に進学したいと思っていたBくんは、兄が通っていたことが縁で、高校から私の塾に通い始めました。地元の公立の進学校に通っていたのですが、得意なのは物理だけで、英語と数学は苦手でした。

高校で大学受験対策の補習があるので、Bくんは律儀にもその補習をとっていました。

ところが、補習では九州大学の過去問を解くなど難しい内容ばかりで「とにかく学校の補習が難しくて、何をやっているか、さっぱりわからない」とぼやいていました。

決してBくんの学力が低いわけではないのですが、その高校では過去数年、九州大学のような旧帝大に合格した生徒はいませんでした。

つまり、高校の補習がBくんを始め、生徒の学力に合っていなかったのです。

しかも、合っていなかったのは補習のレベルだけではありませんでした。

ふだんの授業内容も生徒のレベルに合っていなかったのです。

そこで私は、英語の学力を底上げするために、まずは単語帳、並行して英文解釈のための問題集、そして、速読力をつけるために速読をやるようにアドバイスしました。また、数学は学校で使っている問題集とは別に、基礎的な問題から復習できるものを紹介し、まずはそれをやるように指示しました。

得意な物理も、基礎的な解法を身につけるため、学校の問題集とはちがう問題集を紹介し、それをやるように指示しました。

やり方は、**一通り解いて、まちがえた問題をまちがえなくなるまでくり返し解くように**ということを徹底しました。

「そんな単純なことでよいのか」と思われるかもしれませんが、それが重要です。

学習理論では、8割くらいの正答率の問題を解くことが、最もモチベーションを維持できるとされています。国立大学を目指すからといって、自分のレベルに合わない難しい問題を解く必要はないのです。

こうしてBくんは、見事に第一志望の国立大学に合格することができました。

10
【Cくんの事例】E判定から難関大学に逆転合格

日本史が得意なCくんは、ある難関大学を目指していましたが、ほとんどの模試でE判定でした。ここで少しCくんのことをお話ししましょう。

彼はある塾に通っていたのですが、塾に行ってもゲームをしたりおやつを食べたりして、とにかく遊んでばかりいました。

そんなことをやっているうちに、Cくんの成績はみるみる下がっていきました。これに怒ったCくんのお母さんがついにその塾を辞めさせて、私の塾へやってきたのです。

こんな感じで勉強に対する姿勢にやや問題がありましたが、歴史だけは得意で、高校の日本史の知識は、むしろ私よりも詳しいくらいでした。

そんなCくんには、「徳川四天王は?」など、直接、受験に関係のない雑学的な問題で彼の好奇心をくすぐりながら、日本史と英語を中心に「テスト効果」を活かした

勉強法をやってもらいました。

日本史は、本人が好きなこともあり、一問一答式の問題集をボロボロになるまでやってもらい、あわせて解説系の参考書を読んでもらいました。

英語は、先に紹介した『英単語ターゲット１９００』という単語帳を、こちらもボロボロになるまでやってもらいました（単語帳での英単語の覚え方は、第5章で詳しく紹介します）。

難関大学を目指すだけあって、英語の勉強は単語だけというわけにはいきません。そこで、最低限の読解力はあったので、単語帳と並行して文法の問題集と長文読解の問題集に取り組んでもらいました（こちらも詳しくは第5章で紹介します）。

【日本史】全統模試の偏差値………57・4→71・2（最高値）
【英　語】全統模試の偏差値………41・3→63・0（最高値）

こうして、偏差値が日本史は15近く、英語は20以上アップして、ぎりぎりまでE判定ばかりでしたが、最終的には志望する難関大学に合格することができました。

11

【Dさんの事例】
学年順位で100人抜きを達成

Dさんは、中学生のときにある大手進学塾に通っていて、公立の進学校に合格、進学しました。その塾には高等部がなかったので、Dさんは高校では塾に通わず自分で勉強することになりました。

おかげで、中学では学年順位は真ん中くらいでしたが、高校に入って順位は下がり続け、ついに下から数えたほうが早いくらいにまで成績が落ちてしまいました。

さすがにこのままではまずいと思い、私の塾へやってきました。

【入塾前】高1の2学期中間テスト……216位（230人中）

↓

【入塾後】高1の3学期学年末テスト……97位（228人中）

入塾した約半年後には、216位だったDさんの学年順位は、97位まで上がりました。見事な100人抜きです。

この間、どんな勉強をしたかというと、やはり「テスト効果」を活用した勉強法を徹底するだけでした。一通り問題を解いて、わからない問題だけを解き直し、自分の力で解けるようになるまでくり返しやるだけです。

Dさんが中学生のときに通っていた塾では、学校と同じように授業を聞いてわからない問題は解説をしてもらうという、文字通り受け身の授業が中心でした。

そのせいで、高校へ行って勉強のやり方がわからず、成績が下がる一方だったことは確かです。

進学塾だからといって、勉強のやり方を教えてもらえるわけではないのです。

高校生になったら、自分の力で勉強できるようになるのが理想です。

もちろん、学校の授業も大切です。しかし、むしろ授業中に最低限のポイントだけでも理解しておいて、あとは家に帰った後、問題集を解いたり解説を読んだりして自分の力だけで復習することのほうがはるかに大切なのです。

12 【Eくんの事例】高3の夏から受験勉強を始めて3教科の偏差値が10アップ

公立の進学校に通うEくんは、高校1年生の秋に入塾しましたが、学年順位はDさんと同様、後ろから数えたほうが早いくらいでした。

【入塾前】高1の9月実力テスト……256位（310人中）
↓
【入塾後】高1の1月実力テスト……120位（309人中）

このEくんは、第1章で紹介した、**「日本史の勉強は一問一答式をやるか教科書を読むか、どちらが先か」という質問をしてきた生徒**です。

Eくんの定期テストの成績は入塾後、校内で真ん中より上をキープできるようになりましたが、練習量が特に多い野球部に入っていたこともあり、受験対策は少し後回しになってしまいました。

それでも、**日本史は一問一答式を中心に解説系の参考書を並行して進める**という方法を続け、基礎を身につけてからの秋以降は過去問を解いてもらいました。

英語は、単語帳→英文解釈→速読→長文読解の順で解いてもらい、やはり秋からは過去問を解いてもらいました。

【高3の5月】全統模試文系3科目の偏差値……40・4
↓
【高3の10月】全統模試文系3科目の偏差値……49・9

その結果、7月に部活を引退するまではなかなか勉強に集中することはできませんでしたが、それでも5月の時点では40・4しかなかった偏差値が、10月には約10アップさせることができました。

そして、ずっとE判定だった第一志望の大学に見事に合格することができました。

13 【Fさんの事例】学年順位1ケタを達成し中堅私大に推薦で合格

Fさんは小学5年生から高校3年生まで、約8年間、私の塾に通っていました。

中学生のときは、1学年100人ほどの小規模な中学校でしたが、学年順位は最高で13位でした。

小5から中3までの5年間で、県内の模試の偏差値はだいたい10〜20は上がりました。

【国語（小5〜中3）】県内模試の偏差値……35・1→55・3
【算数・数学（小5〜中3）】県内模試の偏差値……45・5→55・6
【中学5教科（小学は2教科）】県内模試の偏差値……38・9→54・3

地元の公立高校に進学した後は、定期テストを中心に堅実に勉強していました。

このころになると、もう教えることはほとんどなく、自分の力だけで勉強ができるようになっていました。

小学生のときから通っているFさんは、［いとう式］勉強法の成果をよく知っているので、特に指示する必要はなかったからです。

教科によっては、適切な参考書や問題集を教える程度で、まちがえた問題を中心に、くり返し復習してもらいました。それでも**わからないことがある場合は、動画や解説系の参考書で調べる**ということを徹底してもらいました。

特に日本史では、流れをつかむためマンガや解説系の参考書を読むようにアドバイスしました。

そんなFさんの高校での成績は、上位1割程度以内をキープし、最高で学年3位（文系私大コース115人中）、日本史では1位をとったほどです。

こうして定期テストで抜群の成績を残したFさんは、学校推薦型選抜で、第一志望である中堅の私立大学に合格しました。

第3章

[いとう式]勉強法の効果をさらに高めるコツ

1

まずは「記憶のメカニズム」を知ろう

記憶の研究の中で最も有名なものの一つに、エビングハウスが行った実験がありま す。**「無意味つづり（無意味音節）」**と呼ばれる、意味をもたないいくつかの単語を覚えてもらい、その後、**時間の経過とともにどれくらい忘れていくか（正確にはどれくらい復習が必要か）を調べたもの**です。

エビングハウスは**「節約率」**という指標を使って、時間が経つほど復習する（後で覚え直す）のが大変になることを明らかにしました（次のページ参照）。

20分後の節約率は58・2％です。これは、覚えるのに要した時間を100％とすると、20分後に復習した場合、「100−58・2＝41・8％」と半分以下の時間ですむことを意味します。

同様に1日後に復習した場合は、「100−33・7＝66・3％」の時間が必要ということがわかります。

【エビングハウスの「無意味つづり」の実験】

エビングハウスは、「無意味つづり（無意味音節）」と呼ばれる単語を覚えてもらい、その後、時間の経過とともにどれくらい忘れていくかを調べました。

時間	節約率
20分後	58.2%
約1時間後	44.2%
1日後	33.7%
6日後	25.4%
1カ月後	21.1%

「節約率*」という指標を使って、時間が経つほど復習するのに時間が必要であることを明らかにしました。

*節約率=復習する手間がどれだけ省けるか

■20分後の節約率……58.2%

覚えるのに必要だった時間を100とすると、20分後に復習する場合は、「100－58.2＝41.8%」ですむという意味。

【引用文献】
H・エビングハウス著、宇津木保訳／望月衛閲『記憶について―実験心理学への貢献』（誠信書房）

要するに、**復習する時期によってどれくらいの時間（労力）を節約できるかを調べたもの**です。

まだ、わかりにくいので英単語を例に説明しましょう。

▼単語を覚える場合

- **acquire＝獲得する**
- **require＝要求する**
- **inquire＝問い合わせる**

これらの単語を覚えるのに、5回の練習が必要だったとします。ただし、これだけややこしい単語だと、いったん覚えたと思っても、すぐに忘れてしまうでしょう。

そこで、20分後にもう一度、復習して覚え直す場合を考えてみます。20分後の節約率は58・2％なので、「5回×58・2％＝約3回」が節約できます。

つまり、**もう一度、覚え直すのに2回の復習ですむ**のです。

1カ月後に覚え直す場合はどうでしょうか。1カ月後の場合、節約率が21・1％しかないので「5回×21・1％＝約1回」しか節約できません。つまり、約4回の復習が必要で、これでは1から覚え直すのとほとんど変わりありません。

人間というものは一度覚えたことでも、時間が経てばどんどん忘れてしまいます。ややこしい単語であれば、1カ月もしたらほとんど覚えていないでしょう。

そんなときは、なるべく時間を空けずに復習したほうが復習に必要な労力が少なくてすむことを示したのが、エビングハウスの実験なのです。

ところが、**これはあくまでもインプットを重視した記憶の場合**と考えられます。

実験で使用された無意味つづりは、「xil とか lom といった存在しない単語なので、そもそも覚えるのが大変です。

ですから、英単語や漢字のような意味のある言葉を覚えることにそのままあてはまるわけではありません。それに一度覚えたことを忘れないようにするには、**「分散学習」**と呼ばれる、間隔を空けて復習するやり方のほうが効果的な場合もあります。

いずれにしても、**記憶の性質に基づいた勉強法でないと効果的な勉強法とは言えない**のです。

2

「語呂合わせ」は立派な記憶術

先ほどは、「acquire」「require」「inquire」という高校英語の中でも特にややこしい単語を例に挙げました。実は、このようなややこしい単語はたくさんあるのですが、あなたはどうやって覚えますか。やはり何回も書きまくって覚えますか。

もう、そうじゃないということはおわかりでしょう。

そこで、ここからはどうやって覚えるのがよいかというお話をしていきたいと思います。

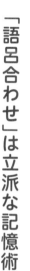

効果的な覚え方として最も代表的なのが「語呂合わせ」です。語呂合わせというと邪道と思う人もいるかもしれません。しかし、「平安京（京都）に都が移ったのは何年ですか」と聞かれたら、多くの人が794年と答えられるはずです。

「ナクヨ（794）うぐいす平安京」のような語呂合わせがあれば、私たちは簡単にいろいろなことを覚えることができます。「ルート2＝一夜一夜にひとみごろ」なども同様です。

人間はコンピュータとちがって、意味のないことを覚えるのが大変苦手です。

しかし、語呂合わせをつくることで、覚えるのに必要な労力は格段に軽減されます。

これは数字という数量以外に意味をもたない記号に、語呂という意味をつけ加えることで覚えやすくなるためです。

このように語呂合わせは、実は立派な記憶術の一つなのです。ですから、この記憶術を活用しないわけにはいきません。

一つ例を考えてみましょう。

▼どうやって覚える？

・adapt＝適応する

・adopt＝採用する

adaptとadoptは、aとoのちがいしかありません。意味は「適応する」と「採用する」ですが、どっちがどっちか簡単には覚えられません。

日本語でも、対称、対照、対象など「たいしょう」と読む熟語はたくさんありますが、漢字の意味を知っていれば、おおよその区別はつきます。

ところが、英語は表音文字なので、基本的につづりには意味はありません（語源や接頭語、接尾語などは除く）。

そんなときは、語呂合わせに頼るのがよいでしょう。私の場合は、次のように覚えます。

▼語呂合わせの覚え方

・adopt＝王（O）を採用する

adaptとadoptのちがいはaかoだけなので、adoptのOの部分で語呂をつくり、「王（O）を採用する」と覚えます。これで、adaptと混同することはなくなります。どうでしょう。

これなら、何回も書かなくても覚えられるはずです。

しかも一度覚えたら、まず忘れません。

3 【学習のコツ①】何回も口ずさむ(リハーサル)

あなたは何かを覚えるときに、**「口ずさむ」**という方法をとると思います。これは**「リハーサル」**という学習方略の一つです。学習方略とは、学習の効果を高めることを目指した認知活動のことです。

九九を覚えるには、**何回も書き取りするより、何回も口ずさむほうが早い**はずですし、実際、そうやって覚えた人がほとんどのはずです。

これは高校生の勉強でも同じことが言えます。

ですから、ノートやルーズリーフに単語や語句を何回も書きまくるのではなく、口ずさむようにしましょう。1回書く間に、口頭なら3回は言えるからです。

中学校でも、中国の王朝を「殷、周、秦、漢……」と口ずさんだり、メロディーに合わせて歌ったりして覚えたと思います。これもリハーサル方略です。

▼何回も口ずさんで覚えよう

・殷、周、秦、漢、隋、唐、宋、元、明、清（中国の王朝）
・独墺伊三国同盟（第一次世界大戦の同盟国）
・ファーティマ、アイユーブ、マムルーク（エジプトのイスラム王朝）
・綱吉、新井、享保、田沼、寛政、天保（江戸時代の改革）

リハーサルの中でも、ただ何回も口ずさむのではなく、ほかの知識と結びつけたりストーリーをつくってイメージ化したりする方略を「**精緻化《せいちか》リハーサル**」と言います。

ここで紹介した、中国の王朝や第一次世界大戦の同盟国なども、順番や組合せと関連づけているので、精緻化リハーサルと言えます。

先ほどの語呂合わせは、ほかの知識と関連づけたりストーリーをつくったりする点で、「**精緻化**」と呼ばれる方略の一つでもあります。

つまり、**語呂合わせで覚える方法は、精緻化リハーサル**という立派な方略の一つなのです。

4

【学習のコツ②】知識同士を結びつける(精緻化)

あなたは漢字を覚えるときに、「部首」を意識することはありますか。さんずいなら水に関すること、きへんなら木に関することなど、漢字を覚えるときに部首は大いにヒントになります。

同様に、漢字ほどではないのですが、英語でも「語源」と言って単語や単語の一部分に意味がある場合があります。

例えば、uni- には「一つの」という意味があり、unit(単位)や uniform(制服)は、統一した価値や服装というニュアンスを含んでいます。

ほかにも、tain には、「保つ」という意味があります。contain は、con-(一緒に)と合わせて「含む、収納する」という意味になり、sustain は、sus-(下から)と合わさって「支える」という意味になります。

▼代表的な語源
・uni（1つの）
・tain（保つ）

このような**語源を頼りに単語を覚えることも「精緻化方略」**と言えます。

精緻化には、有意味化したりストーリー化したりするほかに、「なぜ」という理由や根拠などの情報を取り入れることも含まれます。よく「歴史は流れや背景なども合わせて理解すると覚えやすい」と言われるのはそのためです。

国際連合の5つの常任理事国を覚えられないという人は少なくないと思います。これは、第二次世界大戦の連合国、アメリカ、ロシア、イギリス、フランス、そして中国がそのまま常任理事国になったからです。

さらにさかのぼること、第一次世界大戦の同盟国と連合国を覚えられないという人も少なくないでしょう。これはドイツとオーストリアというゲルマン系民族を中心とした国と、それを快く思わないラテン系やスラブ系の民族を中心とした国々との、国を越えた争いと考えると、それほど難しくはありません。

▼第一次世界大戦前のヨーロッパの国々の関係
・同盟国（三国同盟）……ドイツ、オーストリア、（イタリア）
・連合国（三国協商）……フランス、イギリス、ロシア

三国同盟にラテン民族が中心のイタリアが含まれていることを疑問に思った人もいるでしょう。三国同盟はドイツがフランスを孤立させるために結んだ条約です。しかし、イタリアとオーストリアとの間には領土問題がありました。このため、どっちつかずのイタリアは、結局、第一次世界大戦には連合国側で参戦することになります。

このような因果関係がわかると、ストーリー化も簡単です。ただし、そのためにはゲルマンやラテンなどの民族に関する知識や、ドイツ、フランス、オーストリアとの間にある領土問題などの知識が必要です。

つまり、知識の一つひとつを暗記するだけではなく、知識同士の結びつきを意識することが大切です。

そして、このような知識の結びつきをうながすのが精緻化なのです。

5

【学習のコツ③】ちがいやまとまりを意識する(体制化)

第1章で、「まとめノートは99％の人が失敗する」と紹介しました。その最大の原因は、ちがいやまとまりを意識するというねらいがはっきりしていないからです。

ちがいやまとまりを意識して覚えるコツは、「体制化方略《たいせいか》」と呼ばれます。

中世ヨーロッパでフランク王国を分割するときに結んだ条約に、ヴェルダン条約とメルセン条約があります。そもそも歴史を学ぶときには多くの条約が出てくるので、ちがいを意識しないと、どんな条約かわからなくなってしまいます。

そんなとき、まず「条約に関する知識があいまいだなあ」と意識する必要があります。そして、「条約についてまとめよう」と考えることができるかどうかが重要になります。効果があるまとめノートを書けるかどうかは、ここにかかっています。

▼体制化方略を使ったまとめノートの書き方

・ねらい→条約名がたくさんあるので、ちがいをわかるようにしたい
・手だて→ちがいをわかりやすくまとめる

まとめノートを書くときに、**まず大切なことは「自分は何がわかっていない」のか、そして、「だからこそ何をすべきか」というねらいをはっきりさせる**ことです。

そもそも、条約名すら覚えていないのか、あるいは、条約名は覚えているけれど内容までは覚えていないのか、こうした状況によってもまとめ方は異なります。

条約名すら覚えていないのであれば、流れがわかるように年号と条約名、覚え方(語呂)をまとめます(次のページ参照)。

一方、条約名は覚えているけれど内容までは覚えていない場合は、条約の詳しい内容やちがいをまとめます(必要があれば地図なども書き加えましょう)。

このように「まとめる」と一言で言っても、ねらいに応じてまとめ方は異なります。

残念ながら、学校でも塾でもまとめ方を習うことはまずありません。

くれぐれも**教科書や参考書を丸写しするような無駄な作業をすることがないように**しましょう。

【まとめノートのコツ】

■条約名や流れが覚えられない場合
・８１４年　カール大帝の死去
　↓　　　　(領土分割による相続争い)
・８４３年　ヴェルダン条約
　↓　　　　(フランク王国を3分割して相続)
・８７０年　メルセン条約
　　　　　　(フランク王国を再分割)
　　　　　　　　　　↓
　　　　　【カール、ヴ、メと覚える】

■条約の内容が覚えられない場合
・８４３年　ヴェルダン条約
→フランク王国を３分割して相続
　西フランク王国（シャルル２世）
　中フランク王国（ロタール１世）
　東フランク王国（ルートヴィヒ２世）

・８７０年　メルセン条約
→フランク王国を再分割
　西フランク王国（フランスの原型）
　イタリア王国（イタリアの原型）
　東フランク王国（ドイツの原型）

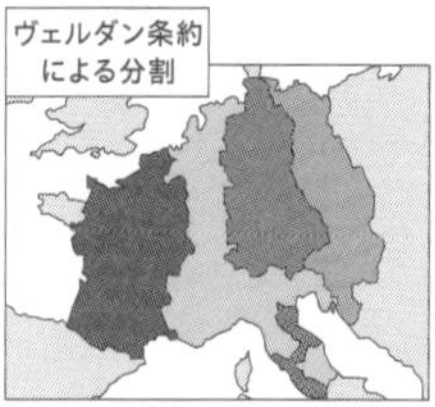

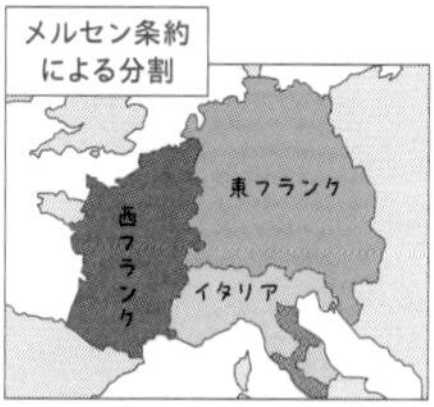

(分割地がわかるように地図も書く)

6 【学習のコツ④】テスト直しでわかっていないことをふり返る(メタ認知)

まとめノートを書くときに大切なことは、「何がわかっていないか」を意識することと紹介しました。

ところが、自分が何がわかっていて何がわかっていないかは、なかなか区別することができません。わかっている(覚えた)と思っていても、テストをやってみると全然点数がとれなかったということはよくあります。

テストが返ってきたときに、あなたはテストの見直しや解き直しをしますか。**テストの結果は、自分が何がわかっていないかがよくわかる、とても貴重なデータ**です。

「この問題、宿題で解いたことがあるはずなのにテストでは解けなかった」とか、あるいは、「こういうパターンで出題されると解けない」など、テストをやってみるとどういう勉強が足りなかったのかがよくわかります。

こうした経験を次の勉強に活かすことが何よりも重要です。

心理学では、このような俯瞰した見方を**「メタ認知」**と呼びます。

メタとは「高次の」という意味で、別の角度から広くものを見る力と言えます。

数学で順列や組合せという単元があります。内容はそれほど高度ではないのですが、まずは、順列なら順列の問題（Pの公式を使う）、次に、組合せなら組合せの問題（Cの公式を使う）を学んで、問題集などで練習問題を解くことになります。もちろん、順列や組合せの問題をそれぞれ解いて練習することに、全く問題はありません。

ところが、テストではこれらの問題はごちゃまぜで出題されます。Pの公式を使うのかCの公式を使うのか、ひょっとしたら円順列かもしれません。

順列や組合せの問題をそれぞれ解いて練習するというのは、テニスで言えば、相手のサーブがフォア側にくるかバック側にくるかわかっている状態で、レシーブの練習をするようなものです。

もちろん、そういう練習も必要ですが、試合で勝つためにはどちらにサーブがくるかわからない状態でレシーブをする練習も必要です。

このように、**テスト勉強は「順列と組合せをごちゃまぜで出題されたらわからなくなるぞ」と予測してやる**必要があります。

高校生がそこまで予測して、完璧な対策を立てるのはなかなか難しいと思います。メタ認知能力はある程度、経験を積まないと身につかないからです。

しかし、そういう力も練習していくうちに次第に身につきます。

ですから、数学に限らず、ほかの教科でも「自分が何がわかっていないか」を常に意識しながら勉強する必要があります。

物理基礎では $F=ma$ という運動方程式について学びます。その前に、$v=v_0+at$ の公式も学んでいることから、どの問題でどの公式を使えばよいかが、だんだんわからなくなってしまいます。

そのようなときは「**プランニング**」と言って、**問題を見て解き方だけを言ってみる**という勉強の時短ワザがあります。この問題は $v=v_0+at$ の公式を使う、この問題は $F=ma$ の公式を使うなど、問題を見ただけでどんな解き方をするのか思い出す練習をするのです。

これは先ほど紹介した数学でも同じことが言えます。この問題はPの公式を使う、この問題はCの公式を使うなど、問題を見て解法だけを言います。

この際、必ずしも問題を解く必要はありません。実際にノートなどに問題を解く練習は別の機会にやって、問題を見て解き方だけを思い出す練習をするのです。

このときに役に立つのが、問題をバラバラにしておくことです。例えば、まずは問題集を順番にルーズリーフに解いていきます。大問1題をルーズリーフ1枚にまとめておくとよいでしょう。ふだんはこれらを問題番号順にとじておきます。

次に、テストが近くなったら、テスト範囲の問題だけを取り出して、順番をシャッフルします。こうすることで、順列の次に組合せの問題がきたり、そのあとに円順列の問題がきたりと、問題の順番をランダム化することができます。

これで、先ほどのテニスのサーブの例のように、どちらにサーブがくるかわからない状態をつくることができます。

ほかにも、問題集の問題をコピーして短冊状に切り取ってバラバラにして、ノートやルーズリーフにはって、その問題を解くという方法もあります。

こうした「ランダム化」をすることで、判断力や思考力も養えます。そして、これはほかの教科についても同じことが言えます。英語の文法では、不定詞の単元と動名詞の単元をごちゃまぜにして練習するといった工夫をしましょう。

7

【計画の立て方のコツ①】「インターリーブ(交互配置)」で慣れを回避する

次は、テスト勉強をするときの**「計画の立て方」**のコツです。いきなりですが、英数国の3つの教科を勉強するときに、あなたはどんな順番でやりますか。

英語なら英語、数学なら数学と、ある程度まとめてやるか、英数国、英数国、英数国と、バランスよくまんべんなくやるかのどちらかでしょう。

心理学では、このような学習の順序にも名前がついています。

▼学習の順序
- **ブロック学習　↓　数数数、英英英、国国国………**
- **インターリーブ学習　↓　数英国、数英国、数英国………**

「インターリーブ」とは、**「交互配置」**という意味です。学校の勉強に時間割があるように、英語、数学、国語などを適度に組み合わせた学習法です。一方で、英語なら英語だけを続けて勉強するやり方を**「ブロック学習」**と言います。

少なくとも中長期的な学習効果は、ブロック学習よりもインターリーブ学習のほうが高いとされています。ですから、英語→数学→国語→英語のように、間に別の教科や別の内容をはさんだほうが学習効果が高いということになります。

ところが、多くの高校生がインターリーブを意識することなく、ブロック学習をやっているのが現状です。例えば、英単語を覚えるときを例に考えてみましょう。

Instagram などのSNSでは、supply supply supply supply……と同じ単語を続けて書き取りしたノートをアップしている人をよく見かけます。もちろん、つづりを覚えるためであれば、間隔を空けずに続けて練習することも大切かもしれません。

しかし、「supply =供給する」という意味を覚えたいのであれば、「supply =供給する」、「achieve =達成する」、「include =含む」と、インターリーブを意識したほうが効果的です。

ここで、なんとなくでもあることに気づいた人は鋭い人です。

【ブロック学習とインターリーブ学習】

テイラーとローラー(2010年)は、同じパターンの問題を続けて練習するブロック学習と、いろいろなパターンの問題を混ぜて練習したインターリーブ学習とで、テストの成績がどれくらいちがうのか実験をしました。

数学のインターリーブ学習の効果

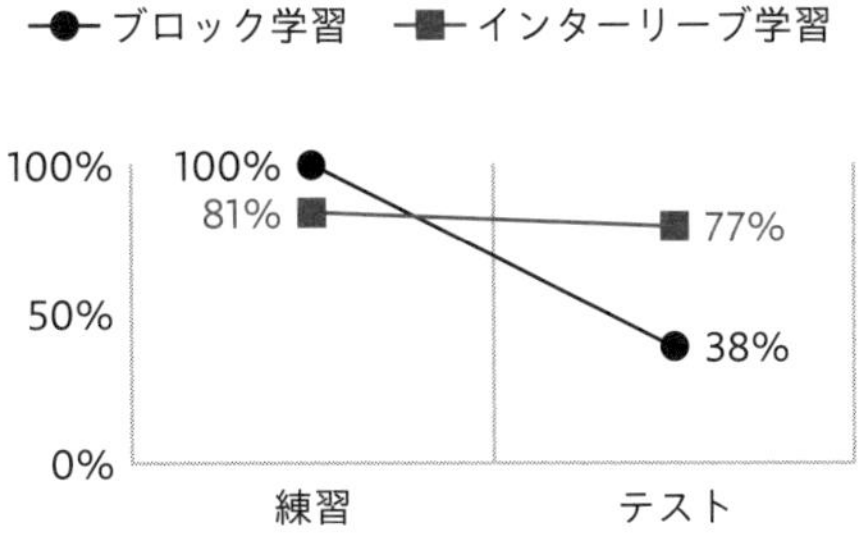

結果は、練習ではブロック学習のほうがよい成績だったのに対して、翌日のテストではインターリーブ学習のほうがよい成績でした。

【引用】
The effects of interleaved practice
Kelli M Taylor, D. Rohrer
Applied Cognitive Psychology, 24, 837-848.

supply supply supply……と同じ単語をくり返し書いても、悪い意味での「慣れ」が生じてしまい、ただの作業となってしまうことです。

ここで興味深いのは、単語帳を読んで勉強する場合は、多くの人がＡＢＣ、ＡＢＣ、ＡＢＣとインターリーブが意識できるのに、書き取りをする人のほぼすべてがＡＡＡ、ＢＢＢ、ＣＣＣというブロック学習をしてしまうことです。

ノートに英単語や漢字、歴史などの重要語句をただ書きまくるやり方が効果的でないのは、このようにただの作業になってしまうためです。

同じようにテスト勉強をする場合でも、英語だけを6時間、ぶっ通しで勉強するのは好ましくありません。悪い意味で「問題慣れ」してしまうからです。

代わりに英語を2時間、数学を2時間、国語を2時間といった具合に、ある程度時間を小分けにして、間に別の教科をはさんで勉強するようにします。

このように、ブロック学習をやめてインターリーブ学習を意識するだけでも、あなたの成績は格段によくなるはずです。

詳しいやり方については、第5章の教科別の勉強のやり方で取り上げたいと思います。

8 【計画の立て方のコツ②】コツコツ勉で「分散効果」を得る

あなたは、なぜコツコツ勉強することが大切だと言われると思いますか。

なんとなく真面目だからという雰囲気もありますが、実は決定的な理由があります。テスト前に集中して勉強したほうが、効果的と思っている人は少なくないと思います。しかし、第1章でも紹介したように、テスト前日に勉強しただけでは、学習効果は半減してしまいます。

例えば、**英語のテストの前日に6時間勉強するとします。しかし、そのやり方では実は2~3時間分の成果しかない**でしょう。

これは実際に高校生に教えていてよくわかるのですが、テスト前日だけ勉強した科目の点数は、やはり思った以上に伸びていません。体感的には、効果は半減以下です。ならば、前日は2~3時間程度ですませればよいかというと、話はそんなに単純ではありません。それだと、2~3時間の半分程度の効果、つまり、1時間程度の効果しかないからです。

心理学では、一夜漬けのようにテスト直前だけ勉強する方法を「**集中学習**」と呼んでいます。一般的に、集中学習は学習効果が高いように思われますが、はっきりと「気のせい」ということがわかっています（次のページ参照）。

▼コツコツ勉と一夜漬けの2つの学習
・コツコツ勉……分散学習
・一夜漬け………集中学習

一方で、英語を合計6時間、勉強するとします。2時間ずつ3日間に分けて行うやり方を「**分散学習**」と言います。集中学習と分散学習とでは、分散学習のほうが学習効果は高いことがわかっています。これを「**学習の分散効果**」と呼んでいます。

分散学習は「最強の勉強法」と呼ばれるほど、とても効果的な勉強のやり方です。

分散効果を得るためには、勉強する時間や内容を適度に小分けにすることが大切です。つまりはコツコツ勉ですね。

【一夜漬けよりコツコツ勉のほうが効果的】

一夜漬けがなぜいけないのか、テスト前に6時間勉強するケースを考えてみます。

「一夜漬け」は前日に6時間、「コツコツ勉」は数日前から2時間ずつの計6時間勉強するとします。「一夜漬け」と「コツコツ勉」でどちらが点数がよいと思いますか。

●一夜漬け（＝集中学習）

日	月	火	水	木	金	土
				6時間勉強	テスト	

●コツコツ勉（＝分散学習）

日	月	火	水	木	金	土
2時間勉強		2時間勉強		2時間勉強	テスト	

【テストの点数】

一夜漬け ＜ コツコツ勉

「コツコツ勉」のほうがよいが正解です。これは、「学習の分散効果」と呼ばれるもので、同じ6時間勉強する場合、一気に6時間勉強するよりも、2時間ずつ3回に分けたほうが学習効果は高くなる現象です。

さらに、2時間の勉強を1日おきにする（1週間おきなども可）など、適度に間隔を空けると、分散学習の効果は高くなります。

同じ6時間勉強するのであれば、「6時間×1日間＝6時間」という集中学習をするのではなく、「2時間×3日間＝6時間」という分散学習をするのです。

さらに言えば、テストが金曜日にあるのであれば、前日の木曜日に2時間、その前の火曜日に2時間、もっと前の日曜日に2時間の合計6時間勉強すると、さらに効果的です。

このように**高校では、分散効果を意識した計画的なテスト勉強をすることが何よりも重要**です。

中学とちがって、テストの科目も多く難易度も格段に上がっているからです。

ましてや大学受験ともなると、覚えて忘れて、また覚えてのくり返しです。定期テスト以上に、効率よく勉強する必要があります。

そのためには、ここまで紹介してきた記憶のメカニズムを始め、リハーサル、精緻化、体制化といった学習のコツが欠かせません。

そして、メタ認知を意識して、インターリーブや分散学習を取り入れた勉強計画を立てるように心がけましょう。

9

【暗記もののコツ①】「早い回転」と「遅い回転」を使い分ける

この章の冒頭でエビングハウスの実験を紹介しました。

これによると、**復習はなるべく早いほうがよいと思えます。しかし、インターリーブや分散効果を意識すると、必ずしもそうとは言えない**ことがわかります。

確かにインプットを重視する段階（勉強し始めて初日〜2日目くらい）では、その日のうちに復習する、いわば**「早い回転」**を意識するほうがよいのは確かです。

【早い回転】……1回、2回、3回と短期間に連続して復習すること

【遅い回転】……1回覚えて、2回目以降は翌日や数日後にやること

例えば、1週間後にヨーロッパの国名のテストがあるとします。

覚え方は、「リハーサル方略」（89ページ参照）を使って、白地図を順番に読んでいきます。初日～2日目は一通り国名が言えるようになるまで、「早い回転」を意識して覚えます。

3日目以降（一通り覚えた後）は、なるべく間隔を空けて復習するようにします。これを（復習するタイミングが）**「遅い回転」**と呼ぶことにします。

実は、こうすることでインターリーブと分散効果を同時に得ることができます（次のページ参照）。

まちがっても、テストの前日（たった1日の間）にくり返し覚えただけで、「完璧に覚えた」と思わないでください。

これは集中学習による超短期間の効果でしかありません。翌日のテストを受けるころには多くを忘れてしまい、満点を逃す可能性が高くなります（実際、翌日にはエストニア、ラトビア、リトアニアなどのバルト3国は混同しているはずです）。

翌日以降も覚えていて、初めて「本当に覚えた」ことになります。そのためには、たった1日の間に何回もくり返し覚える「早い回転」よりも、**毎日復習したり数日おきに復習したりといった「遅い回転」を意識することが大切**です。

【「早い回転」と「遅い回転」(復習するタイミング)】

ヨーロッパの国名を1週間後までに覚えるとします。白地図を10回読んで覚えるとして、次のAとBのパターンのどちらがテストの点数が高いでしょうか。

■覚え方のパターン

	初日	2日目	3日目	4日目	5日目	6日目	前日	テスト当日
A							⑩	
B	③	②	①	①	①	①	①	

【パターンA】
・前日だけ10回やる
【パターンB】
・初日〜2日目までに5回やって、翌日以降は毎日1回ずつ復習する

結果は、「早い回転」でやったパターンAより、「遅い回転」を意識したパターンBのほうがよいはずです。これは自然と分散効果やインターリーブの効果が得られるからです。

ほかにも英単語や英文法、地理や歴史の地名や重要語句、数学や理科の公式など、覚えるべきことがある場合、このように「早い回転」と「遅い回転」をうまく使い分けるようにしましょう。

10

【暗記もののコツ②】ポイントや覚えるべきものをメモしてはる

高校の英文法では、覚えなければいけないややこしいことがたくさんあります。

例えば、比較の単元では比較級を使った最上級表現や more や better の原級など、まぎらわしい表現がたくさんあります（次のページ参照）。

これを問題集やプリントなどをひたすらやるという物量作戦の勉強に頼ってはいけません。**テストの点数は「勉強のやり方（質）×勉強時間（量）」で決まる**からです。

そんなときは、ポイントや覚えるべきことなどを付せんにメモしてはっておきます。はる場所は、問題集や教科書、ノートなど、勉強するときによく見る場所でかまいません。勉強机の前でもよいでしょう。

あとは、ただメモするだけでなく、**主語が単数形の場合、「any other ＋単数形」など、細かい注意点などを強調**しておきます。

【ポイントは付せんにメモしてはっておく】

　まぎらわしいことはただ闇雲に覚えようとするのではなく、ちがいがよくわかるようにしてメモ（精緻化や体制化）しておくようにしましょう。

■まぎらわしいことは付せんにメモしてはる！

・～ほど…でない
　not as … as ～（not so … as ～）

soの場合も

・～の★★倍…
　★★ as … as ～
　★★：twice、○○times、half、a quarterなど

・ほかのどの～よりも…【最上級表現】
　単数形の主語＋比較＋than any other＋単数形

単数形！

more
→many（数） much（量）
　の比較級

better
→good（形容詞）とwell（副詞）
　の比較級

　付せんにかぎらず、問題集やプリントなどに気づいたことやポイントなどを書きこんで、自分が理解しやすくなるような工夫をしておきましょう。

コラム1

おすすめの参考書が全員におすすめじゃないワケ

学校や塾、YouTubeなどで「おすすめの参考書」を紹介されたことはありませんか。実は、おすすめの参考書が全員におすすめではない場合があります。

川越（埼玉）で塾をやっている真島先生がブログで紹介していたのですが、多くの進学校が採用している数研出版の「青チャート（『新課程 チャート式 基礎からの数学』」のイメージを図示したものがこちらです。

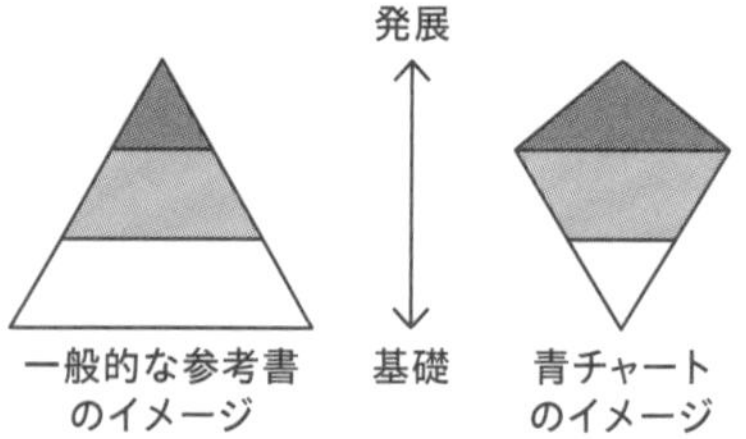

一般的な参考書は基礎問題から発展問題まで、バランスよく網羅されている気がします。しかし、それではものすごく分厚い参考書になってしまいます。そうならないために、青チャートは発展問題が多めに収録されています。

これを知らずに、基礎がおろそかな人がいきなり青チャートに挑戦すると返り討ちにあってしまいます。

もちろん、青チャートは私も高校時代にお世話になった素晴らしい参考書です。しかし、特徴を知らずに、基礎がおろそかのままに取り組んでしまうと痛い目にあいます。数学に自信のある人も、まずは基礎問題から取り組んで基礎を固めて、それから青チャートに取り組むようにしましょう。

第4章

点数が伸びる、推薦で有利になる！[定期テスト]勉強法

1

より少ない勉強時間で、より高い成績を目指そう

高校でも中学校と同様に、通知表の成績（高校では「評定平均」と言う）が大切になります。といっても、学力試験だけの一般選抜には関係ないですが、総合型選抜や学校推薦型選抜（指定校、公募）では、評定平均はとても重要です。

評定平均は、定期テストの点数でほぼ決まります。しかも、高校で受ける定期テストのすべてが対象になるので、1年生の最初のテストから気が抜けません。

そのため、中学校と高校ではテスト勉強に対する考え方を根本から変えなければいけません。中学校のときのように、ただ回数をこなすだけの勉強をしていてはテストに間に合いませんし、点数にも結びつきません。

よい評定をとるためにも、**効率のよい勉強のやり方へと変えていかなければいけない**のです。

第4章では、具体的にどう勉強していけばよいかを紹介していきます。

▼【数学】定期テストの勉強法のキホン

基本的には、問題集やプリントの問題をノートやルーズリーフに解きます。問題集1ページやプリント1枚など、ある程度、問題を解いたところで答え合わせをします。まちがえた問題には✓（チェック印）をつけるのを忘れないでください。

また、このとき赤ペンで正答を写すのはやめましょう。写すという行為には、ほとんど学習効果がないからです。

学校の先生からそのように指示されているかもしれませんが、**赤ペンで答えや解説を写しても、できなかった問題ができるようにはなりません**。自分の力で解けるようになるまで、くり返し解き直しをしましょう。

また、**誰かに聞いたり何かを調べたりした問題は、わかったつもりになっている可能性が高い**ので、これらをはっきりと区別しておくことが何よりも大切です。

最後に確認のために、問題集やプリントなどに書きこんで解くようにします。

高校生が数学で「わからない」というケースは、そもそも解説を読んでいなかったり、読んでも途中の計算式が省略されているせいで「なぜこの式になるのか」がわからなかったりするケースがほとんどです。

まずは解説を読んで、自分の力だけで理解するようにする習慣を身につけましょう。

それでもわからない場合は、教科書や参考書、YouTube などで調べます。

わからないからといって、すぐに誰かに聞くのではなく、どうしてもわからない場合だけ、学校の先生や塾の先生、クラスメイトなどに質問するようにしましょう。

また、問題集などでぱっと見て解き方がわからない問題があったときは、じっくり考える必要はありません。**問題を見て10秒で解き方がわからない（思い出せない）問題は、すぐに答えや解説を見る**ようにしましょう。

そもそも解き方がわからない問題があるのは、まだ解法や公式が頭に入っていないからです。そういう問題はいくら考えても解き方は出てきません。時間の無駄になってしまうので、解説を読んで解法や公式を理解するようにしましょう。

ただし、答えや解説を見た問題はノートやルーズリーフにやるようにします。問題集やプリントに書きこむのは、後日、やり直すときにしましょう。

【数学――定期テストの勉強法のキホン】

■全員共通のやり方

①問題集やプリントなどの問題を、ノートやルーズリーフに解く

②１ページやるごとに答え合わせをする
(赤ペンで正答を書きこまない)

③まちがえた問題には✓（チェック印）をつけておき、ノートやルーズリーフに解き直しをする

④わからない問題は解説を読んで、自分の力だけで解けるようになるまで解き直しをする

⑤それでもわからない場合は、教科書や参考書、動画を調べる（それでもわからない場合のみ、誰かに質問する）

⑥解き方がわからない問題（10秒考えてわからない場合）は、すぐに答えや解説を見て理解する

⑦答えや解説を見て解いた問題や誰かに教えてもらいながら解いた問題は、まちがえた問題と同じ扱いをする

⑧テスト前はチェック印がついた問題を中心に復習する

■数学が得意でない人は

・どうしてもわからない問題は「捨てる」
(特に難しい問題はあきらめるのもアリ)

→数学は得意不得意がはっきり現れる教科です。あれもこれもと欲張らず、解ける問題をくり返し解き、解けない問題はあきらめる潔さも大切です。できない問題に時間をかけるよりも、がんばればできる問題だけに時間をかけるようにしましょう。

2

［定期テスト］勉強法のキホンは「テスト効果」の徹底活用にある

ここからは、数学以外の定期テストの勉強法のキホンを紹介していきます。ポイントは「テスト効果」を取り入れた勉強の方法、つまり**［いとう式］勉強法**を徹底することです。

▼［いとう式］定期テストの勉強法のキホン

・答えを一通り言ってみる（必ずしも答えを書く必要はない）
・まちがえた問題には✓（チェック印）をつけておく
・2周目以降は、まちがえた問題をくり返し解く
・最後に確認のためのテストを全問行う

［いとう式］勉強法の特徴の一つは、問題→答えという一問一答式の小テストをくり

返しながら定着を図ることにあります。

テンポよく回転させる（問題→答えをくり返す）ところがポイントです。

このため、数学以外は必ずしも答えを書く必要はありません。答えを書くだけで時間がかかってしまうからです。

それでも、単語のつづりや漢字も覚えなければいけない場合は、**「空書き」**と言って、指で空中に書くつもりで練習すればとりあえずＯＫです。

それでは、教科別にどのようにやっていったらよいか説明していきます。

▼【英語】定期テストの勉強法のキホン

まずは、英単語とその日本語訳が載っている単語帳を用意します。日本語訳（意味）をかくして、**単語を読んでその意味を言ってみる**ようにします。

答えを言ったら、合っているかどうかすぐに確認しましょう

答え（この場合は日本語訳）を赤色やオレンジ色のペンで書いておいて、赤シートでかくすという方法もあります。また、余裕がある人は、日本語訳を見ながら英単語を言ってみること（逆バージョン）もやりましょう。

文法問題やかっこ埋め問題、並びかえ問題などは、問題集やプリントなどに答えを書きこまず、空欄のままにしておきます。そして、問題集やプリントを見て答えを順番に言っていきます。その後、すぐに解答を見て正解かどうかを確認します。

このとき、問題集やプリントに書きこんだりノートやルーズリーフに答えを書いたりする必要はありません。答えを言うだけでも書いたときと同じくらいの学習効果があるため、これで勉強時間を短縮することができます。

まちがえた問題はもちろん、カンで答えた問題や自信がない問題にも✓（チェック印）をつけておきます。

2周目以降は、チェック印をつけた問題をくり返し復習します。**最後に問題集やプリントに書きこんで、確認のためのテスト**をします。

▼【地理・歴史、理科】定期テストの勉強法のキホン

まずは、一問一答式や問題集、プリントなどを用意します。

一問一答式は赤シートを使って、問題↓答えを言う小テストをくり返します。

よくまちがえる問題には✓（チェック印）をつけておき、次回からは、チェック印

のついた問題を重点的に復習しましょう。

問題集やプリントなども、英語と同様に答えを書きこまずに空欄のままにしておきます。順番に答えを言って、言えなかった問題やまちがえた問題には✓（チェック印）をつけておきます。次回以降は、チェック印のついた問題を重点的に復習します。

何度もまちがえる問題やよくわからない問題が出てきたときは、教科書や資料集、ノートなどを調べたり、必要なことをまとめたりしましょう。

最後に書きこみ式で解いて、確認テストをするのを忘れないでください。

▼【国語】定期テストの勉強法のキホン

問題集やプリントなどで、読解問題、漢字、古典の文法、古文単語などの問題を用意します。

こちらも他教科と同様に書きこまずに、問題を読んで答えを言う小テストをくり返します。もちろん、わからなかった問題には✓（チェック印）をつけておき、他教科と同様に、チェック印をつけた問題をくり返し復習します。

最後に、書きこみ式で解いて確認テストをします。

3

テスト勉強は1科目につき何時間くらい必要？

高校生の定期テストの勉強には、何時間くらい必要だと思いますか。

中学校にもテスト週間があり、テスト週間に集中して勉強すればそれなりの点数をとることができたと思います。

ところが、高校ではテスト週間だけの勉強では明らかに足りません。では、高校ではどれくらい勉強すれば定期テストに間に合うでしょうか（次のページ参照）。

高校でのテスト勉強には、1科目につき最低でも10時間は必要だと思います。

確かなデータがあるわけではないのですが、高校で上位の成績をとっている生徒の勉強時間を計算してみると、だいたい合っていると思います。

テスト週間中は部活がないので、夕方4時、遅くても5時には帰宅できるでしょう。そうすると、テスト週間の平日に確保できる勉強時間は、1日4時間くらいです。

【テスト勉強は1科目につき最低10時間以上】

高校生のテスト勉強について、1科目あたりの勉強時間の目安を次のように考えてみます。

・1科目5時間未満……赤点の危機レベル
・1科目10時間未満……平均点以下レベル
・1科目15時間…………平均点以上レベル
・1科目20時間…………平均＋20点以上レベル

定期テストが10科目、5日間あるとします。勉強時間は1科目につき10時間以上を目安とすると、最低でも「10時間×10科目＝100時間」は必要です。

ところが、テスト週間で確保できる勉強時間を計算してみると、たった68時間しかありません。

〈テスト週間で確保できる勉強時間〉
・テスト週間（平日）：4時間×5日間＝20時間
・テスト週間（土日）：10時間×2日間＝20時間
・テスト前日　　　　：7時間×4日間＝28時間

【合計】68時間

テスト週間に土日が2回あったとしも、総時間は20時間プラスした88時間しかありません。

これは経験上、算出した勉強時間なので、全員にあてはまるわけではないかもしれません。しかし、少なくとも平均点以上を目指そうと思ったら、テスト週間だけではテスト対策に必要な勉強時間は足りないことがわかります。

次に土日ですが、午前中に3時間、午後に4時間、夜に3時間勉強したとしても、確保できる勉強時間は10時間です。

あとは、テスト期間中（テスト当日）ですが、午前だけで帰宅できるので、午後に4時間、夜に3時間勉強したとしても、1日に勉強できる時間は7時間くらいでしょう。

このようにざっと計算してみても、テスト週間で確保できる勉強時間はたった68時間しかありません。土日が2回ある（テストが2週にまたがっている場合）としても、上乗せできるのは土日の20時間分だけです。これでも88時間しかないので、やっぱり100時間には足りません。

これ以上は、ゲームやスマホ断ちする（いっさいやらない）か、睡眠時間を削ることになります。

ましてや平均点以上を目指そうと思ったら、1科目につき15時間以上、つまり、150時間以上の勉強時間が必要です。

それでは、どうしたらよいでしょうか。もうおわかりかもしれませんが、**テスト週間より前に定期テストの勉強を始めるしか方法はありません。**

4 学校の課題をテスト勉強のつもりでやる

高校生に聞いたあるアンケートによると、「定期テストの勉強はいつから始めますか」という質問に、最も多かった回答は「**2週間前**」でした。一般的な「定期テストの1週間前」では足りないと思っている高校生は、実は少なくありません。

それでもテスト2週間前に確保できる勉強時間は、「平日3時間×5日間＝15時間」と、「土日の5時間×2日間＝10時間」の合計25時間くらいです。

部活をやりながらこの時間を確保するのはけっこう厳しいですが、それでも先ほどの計算の68時間に25時間を加えても93時間とやや足りません。

もう、こうなるとテスト週間という考え自体を捨てなければいけません。

毎日がテスト勉強のつもりでやらないかぎり、高校の定期テストで平均点以上をとるのは難しいからです。

高校によっては、学校から毎日課題が出るところもあります。

私が通っていた高校も、毎日のように課題が出ました。

しかも、数学Zという第三の科目もあったほどです（数IやAのほかに、授業はないのに課題の中からテストに出題されるテストだけの科目）。

結局、学校の課題をテスト勉強のつもりでやるしか方法はありません。

そのときに役に立つのが［いとう式］勉強法です。**学校の課題を、テスト勉強のつもりでやる**のです。

▼課題をテスト勉強のつもりでやる

- **テストと同じ条件で問題を解く（調べながら解かない）**
- **まちがえた問題やあやふやな問題にはチェック印をつけておく**
- **まちがえたところを重点的に復習する**

テスト週間だけでなく、毎日の勉強をこのように行うことが大切です。しかし、これだけではまだ十分とは言えません。平均点＋20点以上をとろうと思ったら、もう一工夫が必要です。

高校生のとき、歴史で私より高得点を出しているクラスメイトに、どうやって勉強しているのかたずねたことがあります。

その人は、「授業中に覚えられることは覚えてしまう」と言っていました。

そう、**テスト勉強を後回しにしないということが高得点を出すためには重要**なのです。

例えば、世界史でイスラム世界について学んだとき、イスラム王朝がたくさん出てきます。そのとき、まずはシーア派とは何か、次にシーア派の王朝には何があるかなど、ポイントになる用語（キーワード）だけは、授業中に覚えるようにします。

シーア派は少数派で、実はファーティマ朝、ブワイフ朝、サファヴィー朝のたった3つを覚えるだけです。これを知っているだけでも、その後、混乱しなくてすみます。

授業中にすべてを覚えるのは不可能ですが、このようなキーワードだけでも覚えることは可能です。

そうすることで、その後の勉強を効率よく進めることができます。

5

小テストや提出物、授業態度も評定に入る？

高校に入って、ようやく内申点から逃れられたと思っている人もいるかもしれません。

しかし今は、高校でも中学校と同じように、小テストや提出物などの授業態度も評定（通知表の成績）に関係します。

典型的なのが「英語」です。授業中にパフォーマンステストと言って、簡単なスピーチをしたり英作文をしたりすることがあるでしょう。これらが平常点として定期テストの点数に含まれることがあります。

このほかにも、単語の小テストが定期テストの点数に加算されたり、レポートなどの提出物が評価の対象になったりすることがあります。

国語の漢字を始め、古典（言語文化）では動詞や助動詞の活用などの小テスト、地理総合では地名などの小テスト、歴史総合ではレポートなどが平常点として評価の対象になることがあります。

数学や理科などでは、問題集やプリントなど毎日の課題の取り組み方が平常点として評価されることもあります。

もちろん、これらはやってあるかどうかも大切ですが、定期テストの問題として出題されることもあるので、内容を理解しておくことも大切です。

また、最近ではタブレットの普及もあり、オンラインでの提出物はもちろん、授業での発表（プレゼンテーション）なども評価に含まれることがあるので気が抜けません。

中学校と同じように、定期テストだけでなく毎日の課題や授業態度も評価の対象になるのは、なんだか息苦しい感じもします。しかし、これは裏を返せば定期テストで高得点をとれない人にとっては、少しでも高い評定をとるチャンスでもあります。

このように教科によっては、平常点が定期テストの点数の一部になります。そう考えると、テスト週間だけでなく、毎日の勉強をテスト勉強のつもりでやることが何よりも大切なのがよくわかります。

6 問題集やプリントで理解度をテストする

［いとう式］勉強法は、ただ小テストをくり返すだけなのかと突っ込みがありそうなので、そろそろ重要となる点を補足しておきたいと思います。

それは、**自分でテストをすることで、理解度が測れる**という点です。

国語や英語の読解問題などは、多くの人が教科書や板書を写したノートをながめるだけの勉強をしています。

歴史などの暗記系の教科でも、授業用プリントをくり返し読んだり、赤シートでかくして答えを言う一問一答式をやったりしている人もいます。

しかし、これだけでは本当にわかった部分と、わかったつもりになっている部分の区別がつきません。第1章でも紹介しましたが、これは「ながめ勉」の怖いところです。確かに勉強したはずなのに、わかったつもりになっていただけで、いざテストを受けてみたら、全然点数がとれなかったということはよくあります。

このようにわかったつもりになる勉強を防ぐにはどうしたらよいでしょうか。

それは、**テストと同じ条件で勉強する**ということに尽きます。［いとう式］勉強法の最大のポイントは、ここにあります。

「テスト効果」自体は、覚えるのに最も適した方法です。しかし、覚えることも大切ですが、テストで覚えたことを１００％発揮するのは、もっと大切です。

テスト勉強は、覚えることが目的ではありません。ましてや、たくさんの時間をかけて勉強することでもありません。テストで少しでもよい点をとることが目的です。

覚えることはその目的を達成するための手段ですが、１００％に近いパフォーマンスをテストで発揮できるようにするのも手段の一つのはずです。

スポーツでも、よく次のように言われます。

・練習は試合のように、試合は練習のように

つまり、毎日の勉強をテスト（勉強）のつもりでやることが大切なのです。

そのためには、テストと同じ条件で勉強することが何よりも重要なはずです。

▼とにかくテスト と同じ条件を意識せよ

具体的には第5章の［教科別］勉強法で詳しく紹介しますが、「ながめ勉」はそこにしておいて、テスト形式でやって、わかっているかどうかを確認しながら勉強するのがベストな方法です。

国語や英語の読解問題の勉強でよくある失敗が、板書を写したノートをながめる勉強です。これは第1章でも紹介したように、**補足の説明や文法事項、英語なら知らない単語の意味まで書きこんであるものをただながめるだけでは、わかったつもりになる可能性が高い**からです。

できれば、同じ題材を取り上げた問題集を解くのが一番です。

ところが、高校の補助教材で、教科書と同じ本文を掲載した問題集はまずありません。唯一、英語で、ワークブックがついているものもありますが、いかんせん、解答も解説も配ってくれない意地悪な先生がいる学校も少なくないのが実情です。これでは、定期テストの勉強ができません。

そんなときのために、問題集やプリントにはなるべく書きこまないようにします。**最後の確認のためのテストができるようにとっておく**のです。

歴史なども、高校では授業プリントの重要語句を赤ペンで書いて、赤シートでかくして復習するという人がほとんどです。もちろん、簡単に答えが確認できるので、このやり方自体には問題はありません。

しかし、赤シートでの勉強法には唯一欠点があります。それは**「問題慣れ」**してしまう点です。同じ教材をくり返しやっていると、1番の答えは○○、2番の答えは△△と、順番で答えを覚えてしまっているということが起こります。

これは**「系列位置効果」**と言って、心理学の実験でも示されています。

当然のことながら、テストは問題集やプリントと同じ形式や順序で出題されるわけではありません。

テスト勉強の時点で「問題慣れ」している人は、だから点数がとれないのです。「問題慣れ」しないためにも、学校で使用している問題集やプリントなどとは別の形式の問題集を用意して、これをテストのつもりで解いてみるようにしましょう。

こうして理解度を正しく測って、理解が足りない部分を補いながら勉強することが大切なのです。

7
「学習方略」を使って長続きする記憶に変える

ここまで［いとう式］定期テストの勉強法のキホンを紹介してきました。

これだけでも定期テストで平均点レベルは十分ねらえます。

ここからは応用編です。**平均点＋20点以上を目指すのであれば、学習方略や学習計画の立て方で、効果が長続きする勉強にまで高めていく**必要があります。

大切なことなのでおさらいとして、ここまでに紹介しきれなかったものも加えて、もう一度まとめて紹介したいと思います。

ポイントは全部で6つあります。**「リハーサル方略」「精緻化方略」「体制化方略」「二重符号化」「インターリーブ」「分散学習」**です。

簡単な説明を次のページに一覧としてまとめておきます。

これら6つのポイントを意識することはもちろんですが、NGな方法をやらないことも大切です。

【学習方略と学習計画のコツ（おさらい）】

▼学習のコツ（学習方略）
・リハーサル：何回も書くより口ずさむ
・精緻化：情報をつけ足して意味のあるものにする
・体制化：ちがいをまとめる
・二重符号化：イメージ化して覚える

▼学習計画の立て方のコツ
・インターリーブ：間に別の単元や教科をはさむ
・分散学習：間隔を空けて勉強する

【ＮＧな勉強の仕方】
・英単語や重要語句を何回も書きまくる
・テスト直前だけ集中してやる
・夜遅くまで勉強する
・全部の問題をくり返し解く
・特定の教科や分野を集中してやる
・プリントなどをただながめる「ながめ勉」
・公式などを調べながら解く「調べ勉」
・丸写しするだけの「まとめノート」
・わからないことをそのままにしておく
・自分が正しいと思ったやり方にこだわる

初めて紹介する**「二重符号化」**ですが、これはイメージと関連づけて覚える方略です。

あなたは、フランシスコ・ザビエルの顔を絶対忘れないですよね。このようにイメージとともに覚えると、忘れにくい記憶になります。歴史はマンガを読むと覚えやすくなるのもこの理由です。ほかにも、地理や歴史などで地名やできごとを覚える場合は、必ず地図をイメージして覚える必要があります。また、生物や化学などでは、細胞のつくりや実験器具などイラストで覚えることも大切です。

これらの中でも特に注意してほしいのが、**イメージと言葉による情報をうまく関連づける**ことです。

地名であれば、覚えやすいように地図の中に直接書きこむようにします。図やイラストの場合も同様です。イメージと言葉による情報をなるべく離さないというのがポイントです。

生物ではバイオームという生物群系を覚えなければいけません。ツンドラや針葉樹林という名前はもちろん、図のどの部分か場所も覚える必要があります。

次のページに要点をまとめておいたので、参考にしてください。

【バイオーム（生物群系）の覚え方】

■効果的な二重符号化
図の中に直接、書きこんである

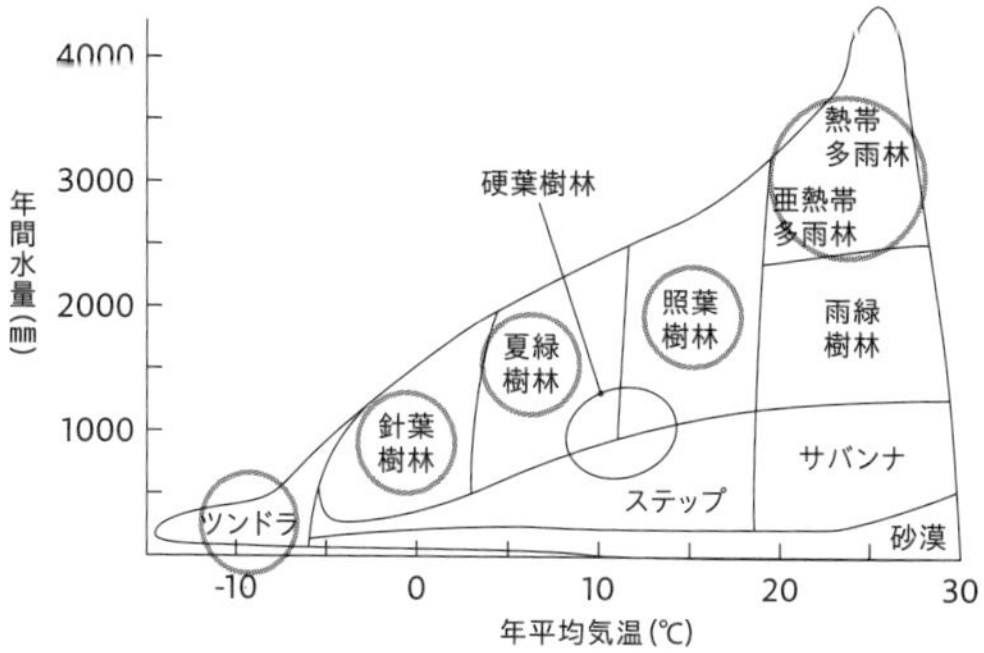

■ＮＧな二重符号化
図と説明（用語）が離れている

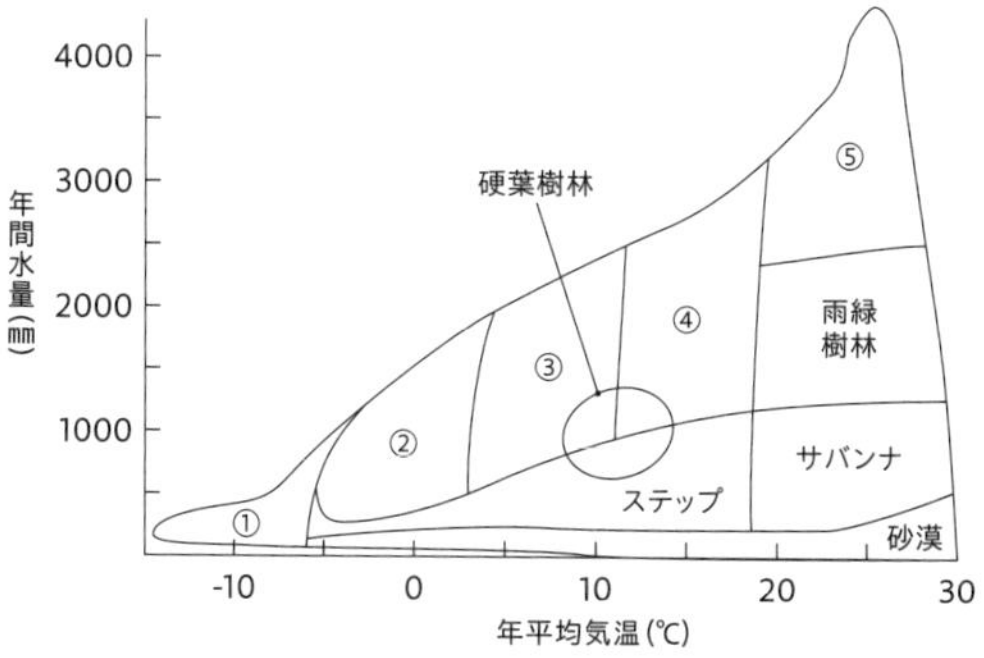

①ツンドラ　②針葉樹林　③夏緑樹林
④照葉樹林　⑤亜熱帯・熱帯多雨林

8 わからないことを「自分がわかる言葉」でまとめる

最後に、**「自分がわかる言葉」**でまとめることの大切さについて紹介したいと思います。

よく、「誰かに説明すると覚えられる」と言います。確かにそういう側面がないわけではありません。しかし、それは説明すれば覚えられるのではなく、むしろ誰かに説明できるレベルまでよく理解しているからです。つまり、因果関係が逆なのです。

もちろん、独りで勉強するよりは誰かに教える目標があるほうがやる気につながる可能性はあります。

いずれにしても、**説明したら覚えられるのではなく、説明できるレベルまで理解することが大切**なのです。

では、どうやったら誰かに説明できるレベルまで理解することができるのでしょうか。それは、教科書やプリントの説明を丸覚えするのではなく、よくかみ砕いて「自分がわかる言葉」で理解することです。

例えば、川上浩司著『不便益のススメ』（岩波ジュニア新書）では、不便益という言葉が出てきます。「益」というのは利益やメリットという、いわばポジティブな言葉なのに、それに不便というネガティブな言葉がついています。

「不便だからこそ得られるよさがある」という意味で使っているのですが、これだけではよくわかりませんよね。

そんなときは、**「具体例」**を挙げて考えると理解が深まります。

この場合は、例えばバーベキューがなぜ美味しいと感じるのかは、つくるまでの過程に苦労という不便さがあるからです。ただ料理を食べたいのであれば、ファミレスにでも行ったほうがお手軽です。

しかし、火をおこしたり食材を用意したりといった不便さがあるからこそ、バーベキューは美味しいと感じられるのです。これが不便益の例と考えられます。

このように、自分の知っていることや経験に基づいて「自分がわかる言葉」で言い換えることができるかどうかが、よく理解するのに欠かせないことです。

特に現代文では言葉一つひとつの意味をかみ砕いて理解しないと、文章全体で筆者が何を言いたいのかがわからないなどということも起こります。

歴史でもかみ砕いて理解することは大切です。

江戸時代の初期、3代将軍家光までは武断政治と言って、力で支配する体制をとっていました。しかし、それでは庶民からの反発を招くということで、幕府は4代将軍家綱のころからは文治政治を始めます。

武断政治と文治政治でなんとなく言いたいことはわかりますが、やはりこれも自分の言葉で理解することが大切です。中でも、末期養子の禁止が深く関わっているのですが、武断政治から文治政治に変わるのに際して、末期養子の禁止が緩和されます。緩和ということは、ルールが少し甘くなるという意味です。

そこでどう甘くなったのかという中身よりも、むしろ、なぜ甘くなったのかという背景を理解することが大切です。

これは教科書からではわかりにくいので、ぜひともYouTubeなどでわかりやすく説明した動画を見つけたり、わかりやすく解説した参考書を読んだりしましょう。

ポイントは、**自分の言葉で説明できるようになるまで理解する**ことです。

第5章

確実に“揺るぎない力”が身につく！［教科別］勉強法

1

英単語 1単語につき2秒で読む！

多くの高校では、学校で『英単語ターゲット1900』（旺文社。以下、『ターゲット1900』）や『システム英単語』（駿台文庫。以下、『シス単』）などの単語帳を使っていると思います。ここでは、『ターゲット1900』を例に、どうやって単語を覚えたらよいか手順を紹介していきます。

■単語帳での単語の覚え方

0. ページ全体を見て、どんな単語があるか一通り目を通す（初めて見るページのみ）
1. 赤シートで日本語訳をかくして、単語を読んで答え（日本語訳）を言う（2秒で日本語訳が言えない場合は、すぐに答えを見て確認）
2. 1ページ分の単語を、4～5周くり返し読む
3. 何回もまちがえる単語には✓チェック印をつけておく

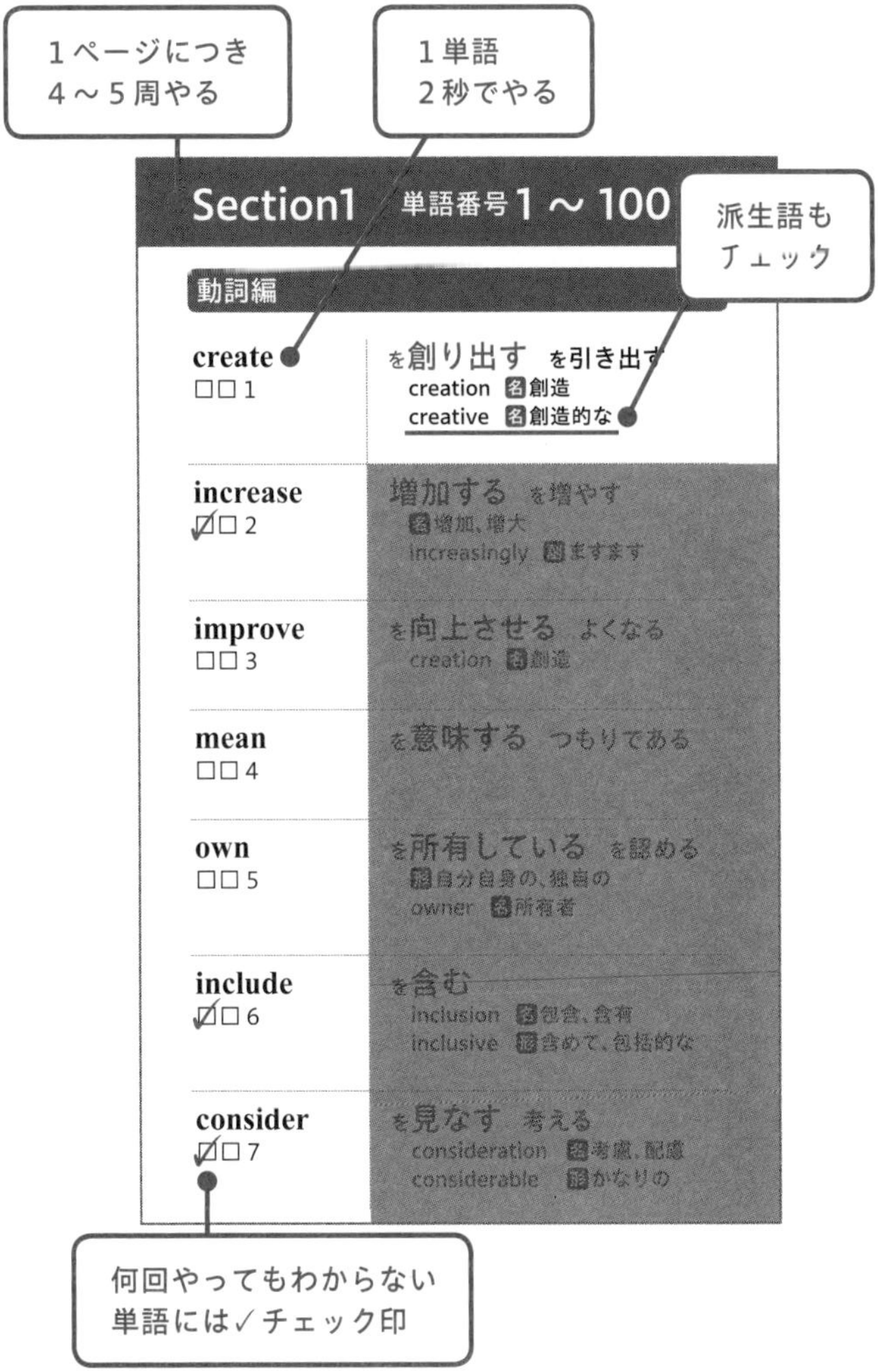
1ページにつき
4～5周やる
1単語
2秒でやる
Section1 単語番号1～100
派生語も
チェック
動詞編
create
□□1
を創り出す を引き出す
creation 名創造
creative 名創造的な
increase
□□2
増加する を増やす
名増加、増大
increasingly 副ますます
improve
□□3
を向上させる よくなる
creation 名創造
mean
□□4
を意味する つもりである
own
□□5
を所有している を認める
形自分自身の、独自の
owner 名所有者
include
□□6
を含む
inclusion 名包含、含有
inclusive 形含めて、包括的な
consider
□□7
を見なす 考える
consideration 名考慮、配慮
considerable 形かなりの
何回やってもわからない
単語には✓チェック印

「クリエイティブ（創造的な）」という日本語があるように、createには「を創り出す」という意味のほかに、他の品詞の単語があります。もちろん、これらも覚えるようにしましょう。

increaseなど、覚えにくい単語があった場合には、チェック印をつけておきます。次回、勉強するときは、この**チェック印の入った単語を重点的に覚える**ようにします。

さて、それでも覚えられない単語、つまり強敵がいくつか出てきます。

例えば、requireという単語は、「〜を必要とする（を要求する）」という意味ですが、初見ではまず覚えられません。

そこで、『イラスト記憶法で脳に刷り込む英単語１８８０』（あさ出版）という本で、requireという単語を調べてみると、

・require＝リクに上がるのにワイヤーを必要とする

という覚え方が載っています。

実は、ほかにもacquire＝獲得する、inquire＝問い合わせる、という似た単語がいくつかあって、やればやるほど意味（日本語訳）がこんがらがってしまいます。

そうならないように、**反復練習だけでは覚えられない単語は、イメージや語呂を活**

用して、確実に意味を覚えるようにします。

ペースとしては、一度にやるのは1ページにつき4〜5周、それを数ページ〜十ページ分ほど、つまり、50〜100単語分やります。

少ないほうが覚えられる気がしますが、第1章で紹介した通り、自分が効果的だと思っているやり方が正しいとは限りません。ほかにも、ここまで紹介してきたように、分散学習やインターリーブの効果を考えると、これくらいが最適です。

これを、覚えられるまで毎日やります。一通り覚えられたところで、今度は2〜3日に1回や1週間に1回など、適度に間隔を空けて復習するようにしましょう。

もちろん、『ターゲット1900』でなくても、学校で使用している単語帳でかまいません。ただ、私の友人が「コーパス」というデータベースで使用頻度の高い単語の掲載割合を調べたところ、『ターゲット』や『シス単』は掲載割合が比較的高いことがわかりました。

学校で指定の単語帳にかかわらず、まずは英語が苦手な人は『ターゲット1400』で、自信がある人は『ターゲット1900』か『シス単』で覚えることをおすすめします。

2 英単語 アプリと併用して、忘れないための対策をしておく

英単語は一度覚えても、時間が経てば少しずつ忘れてしまいます。つまり、**「忘却対策」**が必要です。

実は、『ターゲット』シリーズには、無料のアプリ**「ターゲットの友」**があります。このようなアプリを使えば、好きなときに単語を覚えたり復習したりすることができます。

学校で使っている単語帳が『ターゲット』の人は、ぜひともこのアプリのインストールをおすすめします。

さて、このアプリはとても優秀で、『ターゲット１４００』にも『ターゲット１９００』にも対応しています。しかも、例えばｓｅｃｔｉｏｎ1なら、1～１００番の単語の中からランダムに20問ずつ出題してくれます。

基本的なシステムは、destroyと単語が表示されたら、４択で日本語訳を選ぶとい

うとてもシンプルなつくりになっています。

回数を重ねると、表示された日本語訳に対応した英単語を選ぶ問題やつづりを打ちこむ形式の問題も出るようになります。

こうして、**「スモールステップ方式」**でできるのがこのアプリの特長です。

さらに、まちがえた単語の一覧も表示できるので、自分が苦手な単語だけを集中して復習することもできます。

モードによってはｓｅｃｔｉｏｎ別（百問単位）ではなくｐａｒｔ別（数百問）で出題もしてくれます。これは学習理論でいうところのブロック学習、ランダム学習（インターリーブ学習）にも対応しています。

このように、**英単語は紙の単語帳やアプリでテスト効果を使って覚える**のが一番です。

すべて無料なので、学校で使っている単語帳が『ターゲット』でない人も、このアプリで復習することをおすすめします。

3

英文法

まちがえた問題を理解するまでくり返し解く

英文法は、かっこ埋め問題や並びかえ問題など、空欄のまま答えを言っていきます。まちがえた問題は問題番号にチェック印をつけ、ノートなどにまちがい直しをしましょう。そのとき、ただ解き直すだけでなく、**自分の言葉でポイント（次回まちがえないようにするための注意点）を書く**ようにします。

まちがえた問題を理解するまで徹底して復習するのがポイントです。

英文法は、ワークやプリントなどと全く同じ問題が出題されることが多いようです。しかし、問題慣れしてしまう可能性もあるので、定期テストで平均点以上をとろうと思ったら、それでは不十分です。また、早くから大学受験対策をするためにも、学校で使用している教材とはちがう教材でも練習しておくとよいでしょう。

その場合は、**『英文法レベル別問題集1〜6』（東進ブックス）**がおすすめです。

【英文法の問題集・プリントでの勉強のやり方】

英文法は、かっこ埋め問題や並びかえ問題など、空欄のまま答えを言っていきます。

▼問題例

1．私は毎日、コップ一杯の牛乳を飲んでいます。
　I (　　　) glass of milk every morning.

2．母は今、台所で料理をしています。
　My mother (　　　) in the kitchen now.

3．水は１００℃で沸騰します。
　Water (　　　) at 100℃ .

▼答え

1．drink　2．is cooking　3．boils

まちがえた問題は問題番号にチェック印をつけ、ノートなどにまちがい直しをしましょう。

そのとき、ただ解き直すだけでなく、ポイント（次回まちがえないようにするための注意点）を自分の言葉で書くようにします。

⬇

▼解き直し（ノートなどへ）

1．I drink glass of milk every morning.
　→習慣なので進行形ではなく現在形のdrink

3．Water boils at 100℃ .
　→waterは単数扱いなので、boilsと三単現のsを忘れない

4

英文解釈
英文を正しく読む力を身につける

英語の勉強と言えば、単語、文法、長文読解、英作文、リスニングが主な対策と思われています。しかし、この中には最も重要なことが抜けています。

それは、**英文を正しく理解すること、つまり英文解釈**です。

例えば、次の英文があるとします。意味上のちがいは何でしょう。

A：This is a reason.

B：This is the reason.

Aの文はa reasonとなっているので、ほかにも理由があって、そのうちの一つであることを表しています。

一方、Bの文はたくさん理由がある中で、決定的な理由を表しています。

恋人と別れた理由がたくさんあって、そのうちこれが決定的な理由（＝theは一つに決まるという意味）の場合に、This is the reason. と表すのです。

aとtheのちがいだけでもニュアンスがあります。このような英文解釈の力がないと、ただ文法を覚えるだけになってしまいます。

もう一つ、例を紹介しましょう。

・The men working in the sea told her to bring it from the ship.

あなたはこの英文をどうやって訳しますか。

「男たちは海の中で作業をしていて、それを船からもってくるように彼女に言いました」と訳した人もいるでしょう。解釈としては必ずしもまちがいではないのですが、これはたまたま訳が合っていただけで、**正しく英文を読んでいるとは言えません。なんとなく雰囲気で読んでしまっている**のです。

正しくは、「海の中で作業している男たちは、それを船からもってくるように彼女に言いました」となります。

・The **men** working in the sea / **told** / **her** (to bring it from the ship).
S V O M

このように英文の構造を正しく理解しながら読まないと、英文解釈の力は身につきません。

英文解釈の力をつけるためには、スラッシュリーディングと並行して、構造分析や構文解析をしながらくり返し英文を読む練習（多文多読）が必要です。

ところが、必ずしも高校の授業で効果のある英文解釈の練習が行われているわけではありません。

始めからスラッシュやＳＶＯが書きこまれた教材を使用していたり、わからない単語は辞書で意味を調べながら読んだりと、効果が期待できない授業をしている学校もあります。

大切なのは、このような一文精読ではなく「**多文多読**」です。

多文多読用の教材として、次の参考書をおすすめしておきます。

・**『大学入試問題集　関正生の英語長文ポラリス1〜3』（KADOKAWA）**

5 英語の長文読解 一文精読ではなく対訳を見ながら多文多読をする

多くの高校では「一文精読」と言って、（例えば日付で）順番に生徒にあてて教科書の英文の訳を言うという授業が行われています。この方法では、あてられた人は必死に訳しますが、そうでない人はただ訳を丸覚えするだけになってしまいます。

長文読解の力を身につけようと思ったら、まずは、英文を正しく理解する英文解釈が必要です。しかし、**一文精読の授業では、自分の力で英文を正しく読んで理解する練習が不足**してしまいます。

そこで必要なのが、多くの英文を読む練習、つまり「多文多読」です。

まず、定期テスト対策ですが、教科書の本文には訳や構造分析、構文などを何も書きこまずにとっておきます。

どうしても書きこまなければいけない場合は、コピーをとっておいて、そちらに書きこみます。授業で板書された訳や構文などは、コピーのほうへ書きこみます。これが構造分析の模範解答になります。

テスト勉強する場合は、何も書きこんでいない教科書の本文を読んで、1行ずつ和訳します。そして、合っているかどうかを、すぐに訳や構造分析が載っているコピーのほうで確認します。

このように訳や構造分析が書きこまれた英文をながめるのではなく、何も書きこんでいない本文のほうを読んで、自力で読解する練習をする必要があります。

理由は、第1章で紹介した通り、わかったつもりになるのを防ぐためです。

受験対策の場合は、先ほど紹介した『英文法レベル別問題集』や『関正生の英語長文ポラリス』のような本文、構造分析（ポラリスでは構文解析）、和訳のついた問題集で、くり返し読む練習をします（次のページ参照）。

こちらはレベル別に分かれているので、自分のレベルに合ったものから始めるようにしましょう。

とりあえず偏差値50程度を目指す人は『英文法レベル別問題集』から、偏差値60以上を目指す人は『関正生の英語長文ポラリス』から始めるとよいでしょう。

【多文多読のやり方】

▼構造分析（構文解析）が書かれていない文を読む
1．本文を読み、和訳する
2．全文訳を見て、合っているかどうか確認する
3．まちがっていたら構造分析のページで確認する

▼本文
Recycling symbols provide important data about the chemical composition of plastic used and its recyclability.

構造分析の書きこまれた文（下）は解答・解説のつもりで、書きこんでいない本文のほうを読んで練習する

▼構造分析（構文解析）
Recycling symbols (S) provide (V) important data (O) (about the chemical composition of plastic used and its recyclability) (M).

chemical: 化学的　composition: 組成、構成

※ S＝主語、V＝動詞、O＝目的語、M＝修飾部

▼和訳
リサイクルシンボルは、使用されているプラスチックの化学組成とそのリサイクル可能性について重要なデータを提供します。

【引用】
令和４年度大学入学共通テスト英語リーディング第６問B９～11行目より

6

英語のリスニング

スクリプト（台本）を見ながら聴く

あなたは、歌の歌詞を勘ちがいして覚えていた、などという経験をしたことはありませんか。耳コピだけで歌詞を覚えようとすると、このような「空耳」と呼ばれる現象が起こります。

人間の耳は、単純に音だけで判断しておらず、文脈（その場の状況）や意識によって、聴こえない部分を補っているからです。

リスニングで空耳が起こってしまっては大変です。

では、どうすればよいでしょうか。

まずは、スクリプト（台本）と呼ばれる、リスニングで流れてくる音声を文字におこしたものを見ながら聴くようにします。

▼リスニング対策

1．スクリプトを見ながら音声を聴く
2．聴きとれるようになったらスクリプトを見ずに聴く

例えば、「result＝結果」という単語があります。読み方は、「リザルト」です。しかし、リスニング教材によっては、「リゾルト」と発音しているように聴こえます。こうして「リゾルト＝resort」と勘ちがいして、ストーリーがわからなくなるということもあり得ます。厳密にはlとrの発音のちがいがありますが、リスニングという特殊な環境下で聴き分けるのは簡単ではないでしょう。

Shut up!（シャットアップ）が「シャラップ」と聴こえるのは、英語独特の音のつながりのせいです。shutのt（トゥ）と発音する間もなくup（アップ）の「ア」の音とくっついて、「タ」ではなく「ラ」と聴こえるのです。

リスニング練習は、こうした音のつながりや欠落などを意識して聴く練習をしなければいけません。

そのためには、一度スクリプトを見ながら聴く練習をするのが最もよい方法です。

7 数学 教科書や参考書を見ずに「テスト形式」で解く

高校の勉強で苦労する教科の一つが数学です。

しかし、効果のあるテスト対策をすれば、数学ほど点数を上げやすい教科はありません。

数学のテスト勉強で最も気をつけるべきことは、公式や解法などを調べながら解かないことです。

これは「調べ勉」と言って、最も避けなければいけないことです。

理由は第1章で紹介してきましたが、要はテストと同じ条件で練習しないと、テストで点数に結びつかないからです。

公式は、まずは「リハーサル方略」を使って、「エイ3乗プラス3エイ2乗ビープラス……」と、何度も口ずさみながら覚えるようにします。

▼数学の勉強のポイント

0．教科書や参考書などを見ながら解く「調べ勉」をしない
1．何度も口ずさんで（リハーサル方略を使って）公式や解法を覚える
2．問題を見て10秒で解き方がわからない場合は、解答や解説を見る（まちがえた問題や答えを見た問題は誤答扱いにしてチェック印をつけておく）
3．まちがえた問題やわからなかった問題は、解説を読んで自分の力だけで理解する
4．2周目以降は、できた問題を「スキップ」して、まちがえた問題をできるようになるまでくり返し解く
5．何回やってもわからない問題だけ誰かに質問する（それでもわからない問題は「捨てる」）

公式が覚えられないうちは、問題を解くたびに計算式だけでなく、公式から書くようにしましょう。

解法も同様で、4人のうちから3人を選んで並べるから「4P3＝4・3・2」と、自分が解いている計算の意味を書くようにします。

8

数学

わからない問題はすぐ解説を見る

数学を教えていると、わからない問題で手が止まっている生徒をよく見かけます。難しい問題ならまだしも、解き方がわからない問題は考える必要はありません。

なぜ解けないのかというと、**公式や解法がまだ身についていない**からです。思考力以前に、知識不足なのです。

高校によっては問題集の解説を配らない学校もあるようですが、これはいただけません。

「解説を見ずに自分の力で考えてこそ考える力がつく」と学校の先生は思っているのかもしれませんが、これは明確にまちがいと言えます。

思考とは（公式という）知識を活用することです。ですから、まずは公式や解法を身につけなければいけません。身につけるとたいそうなことを言ってしまいましたが、**公式や解法を覚えていないと数学の問題は解けません**。

わからない問題というのは、問題を見たときにどの公式や解法を使うのかがわからないためです。この段階では、思考というよりも単純に知識不足が原因なので、**わからない問題があったときは、じっくり考える必要はなく、すぐに解説を読む**ようにしましょう。

ただし、まちがっても赤ペンで答えや解説を写すということはしないでください。丸写ししても、ほとんど頭に入らないからです。

×……解説を見ながら解く

○……解説を見て、（解説を伏せて）自分の力だけで解く

こうして解説を見た後、自分の力だけで解くうちに、次第に公式や解法が身についてきます。

もちろん、1回や2回、解き直したくらいでは身につきません。毎日くり返したり数日から1、2週間空けてくり返したりして、ようやく身につくものです。

つまり、身につくまでくり返し自分の力で解き直すことが大切なのです。

9 数学 「プランニング」（問題を見て解法を言う）で時間を短縮

数学が苦手で解き直し（まちがい直し）が多い人は、どうしたらよいのでしょうか。それには、とっておきの時短ワザがあります。

「プランニング」と言って、問題を見て解き方だけを言ってみる方法です。

▼数学で使えるプランニング

・問題を見て、解き方（どの公式を使うかなど）を言ってみる

ご存じのように、数学は問題を見て答えをすぐに求められる問題はなかなかありません。途中の計算が必要だからです。

プランニングの特長は、答えまで求められなくても、解き方の見通しが立てられれば、それでOKだということです。だからプランニングと言います。

やり方は簡単で、問題を見て解き方を言うだけです。

▼プランニングの例

・5人の中から2人を選んで並べる並べ方　→ $_5P_2$
・4人の中から3人を選ぶ選び方　→ $_4C_3 = {}_4C_1$
・交点が一つ　→判別式が0（D＝0）

図形など複雑な問題でも、例えば「内接円の半径を r、三角形の面積を S として、$2S = (a+b+c)r$ を使う」など、解き方の見通しを立てることはできます。

メリットとしては、解法を言うだけなので大幅に勉強時間が短縮できる点です。問題を見て、数秒以内に解法が言えるレベルまでくり返しプランニングをしましょう。

デメリットとしては、計算力がつかないことと、実際に問題が解けるかどうかまでは保証できないことです。そうならないために、**定期的にノートやルーズリーフに書いて解く**ようにしましょう。

10

数学 わからないことを動画や解説系の参考書で調べる

ここまで、「**数学は問題を解く→わからない問題は解説を読む→できるようになるまでくり返し復習する**」という、ある程度、量をこなす勉強を紹介してきました。

もちろん、**練習量は大切ですが、丸暗記ではなく理解を深める勉強も必要**です。

数学の場合は、「**図示**」して考えることが何よりも大切です。

例えば、「2：1に内分する場合と、2：1に外分する場合のちがいは？」と言われて、ぱっと答えられる人は少ないと思います。

内接円と外接円も、どっちがどっちか混同してしまう人も少なくないでしょう。

2次関数のグラフがx軸と交点をもたないとはどういうことなのか、イメージでも理解する必要があります。

これらは「**二重符号化**」と言って、**言葉や記号だけでなく図などのイメージでも理解することが大切**ということを意味します（次のページ参照）。

【図で解説されないとわからない問題】

線分ＡＢをｍ：ｎに内分する点Ｐと外分する点Ｑ

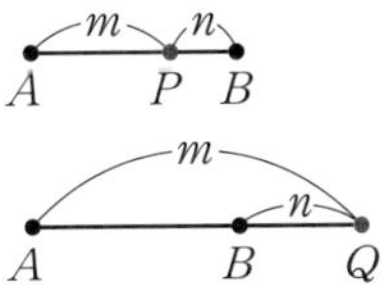

内接円と外接円

3辺の長さが $a.b.c$ の三角形

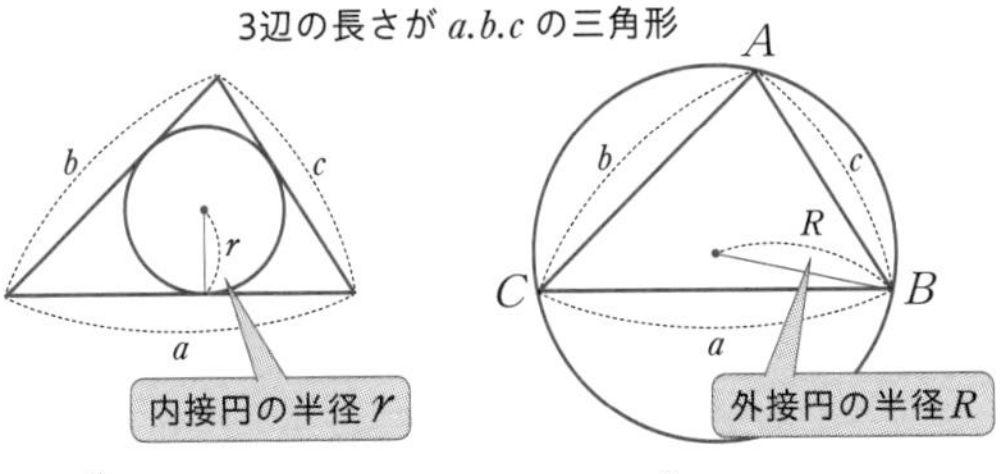

$$S=\frac{1}{2}r(a+b+c)$$

$$\frac{a}{sinA}=2R$$

2次関数のグラフとｘ軸との共有点

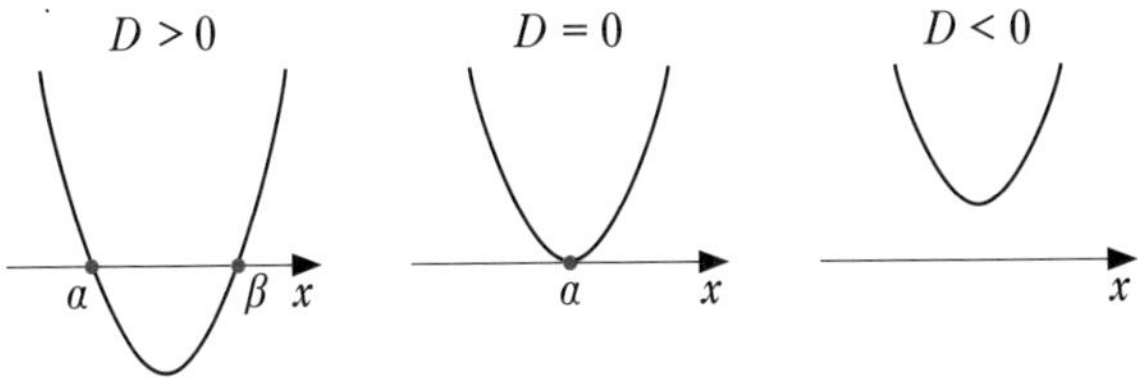

解説を読むだけではわからない問題は、YouTubeなどで動画を検索して、解説動画を見て理解するようにしましょう。動画を検索する場合は、2次関数 共有点 など、キーワードを工夫すれば、たどり着けると思います。

動画以外で、解説系の参考書で調べたい場合は、次の参考書がおすすめです。

▼解説・解法が豊富な参考書

- **『やさしい高校数学（数学Ⅰ・A）改訂版』（学研プラス）**
- **『新課程チャート式 基礎からの数学Ⅰ＋A』（数研出版）**

『やさしい高校数学』は、途中の計算などでつまずきやすいところを丁寧に解説してくれるので、基本を身につけるために活用しましょう。

定番の『チャート式』は、数学が得意でない人は基本例題だけ、得意な人は重要例題や練習問題などもくり返し解くようにします。

11 国語 漢字、語句、古文単語は「テスト形式」で読む

国語では、読解問題とは別に、漢字や語句、古典では古文単語がテストに出題されます。

これらの勉強は、まちがってもノートやルーズリーフに書きまくるのではなく、「テスト効果」を活かした一問一答式でやりましょう。

漢字や重要語句などは、学校で指定の教材を使うことが多いので、基本的にはそれを使えばＯＫです。

やり方は、これまで紹介してきたように、問題を読んで答えを言います。２、３秒で答えが言えない場合は、すぐに確認して覚えるようにします。

何度もまちがえる問題にはチェック印をつけておいて、重点的に復習しましょう。

漢字の場合は指で空書きしたり、まちがえそうな部分を大きく書いて強調したりして、記憶に残りやすくします。

古文単語の場合は、学校で教材を購入する場合がありますが、一応、おすすめを紹介しておきます。

▼おすすめの古文単語教材

・『読んで見て覚える 重要古文単語315』(桐原書店)

・『古文単語ゴロゴ』(スタディカンパニー)

『読んで見て覚える 重要古文単語315』は、単語がもつ本来の意味が載っています。例えば、「けしき」という古文単語は、現代の風景という意味ではなく、「気色」と書くように、様子を表します。

ほかにも、機嫌や意向などの意味があり、丸暗記せずにすむところが長所です(精緻化)。

ただ、それでも覚えられない古文単語は、『古文単語ゴロゴ』で語呂で覚えるとよいでしょう。

12 国語 言葉の意味を考えながら読む（語彙力を上げる）

国語は勉強のやり方がよくわからない教科と言われます。確かに、その通りかもしれません。

しかし、国語の勉強で最も重視してほしいことはあります。それは、言葉や文章を正しく読み取る力を身につけることです。一般的には「語彙力」や「読解力」と呼ばれています。

これは英語のところでも紹介した通りです。英語の基本は、まず単語です。その次に、英文を正しく理解するために文法の知識が必要です。単語力と文法力を組み合わせて、英文を正しく理解しようという姿勢が英文解釈には必要なのです。

では、国語ではどうでしょうか。漢字を知っているだけでは語彙力とは言えません。慣用表現など多くの言葉とそのニュアンスなどを知っていることも重要です。

例えば、「自立」と「自律」のちがいなどまで理解していて、初めて語彙力と言えます。

そして、これらの語彙力を駆使しながら、筆者が言いたいことや物語の内容を読み取る力（解釈）が国語では求められます。

国語の勉強は、こうした力をどうやって身につければよいかに尽きるでしょう。とはいえ、ほかの教科のように問題集の問題をたくさん解けば、語彙力や読解力が身につくという、そんな単純な話ではありません。

定期テストの勉強と並行して、次の教材で「語彙＋解釈」で読解力を底上げすることをおすすめします。

▼現代文のおすすめ参考書

・『ことばはちからダ！ 現代文キーワード』（河合出版）
・『柳生好之の現代文ポラリス1～3』（KADOKAWA）

『ことばはちからダ！ 現代文キーワード』は、著者の一人の前島良雄先生にお会いしたときに知りました。

こちらは、例えば実体論的な関係、形成的関係、存立的関係（丸山圭三郎著『言葉と無意識』より）といった、ちょっと難しい言葉が出てきたときに、少しかみ砕いた表現で理解することの大切さを実感できる参考書となっています。

▼自分がわかる言葉で理解するとは？

・実体論的な関係　→　本当にそこにある関係
・存立的関係　→　関係があって存在があるという関係

目で文字を追ってわかったつもりになるのではなく、「実体論的とはどういう意味なのか」を**自分がわかりやすい言葉に言いかえて、考えながら読むことが読解である**ことを教えてくれます。

『柳生好之の現代文ポラリス』は、次の項目で詳しく紹介しますが、本文（問題文と設問）だけのページと解説や文の構成などを書きこんだページの両方が載っています。

大学入試の問題が中心ですが、より実践的な形式で取り組める一冊となっています。

13 国語 解説などが書きこまれていない本文を読んで練習する

国語の定期テスト対策は、漢字や語句、古文単語などはもちろんですが、「読解問題」がメインとなります。

やり方は英語の長文読解のところで紹介したように、まずは**解説など何も書きこんでいない本文を読む**ようにします。

▼国語の勉強のポイント

・漢字・語句問題は9割以上とれるようにしておく
・解説など何も書きこんでいない本文を読む
・読んだ内容を思い出す
・同じ題材の問題集があれば、それを解く

古文でも現代文と同様に、本文やノートに言葉の補足説明や修飾関係、現代語訳など、授業で説明されたことをいろいろ書きこんでいると思います。

これらは読解するのにヒントとなる重要な情報ですが、テストではこのような書きこみを見ながら解くことはできません。

ですから、教科書の本文には書きこまず、ノートやコピーしたものに書きこむようにしましょう。

また、読解問題の対策だからといって、本文をただながめたり読んだりすることがないようにしましょう。これは第1章でも紹介したように、ただ読むだけでなく、読んだ内容を思い出しながら読むほうが効果的だからです。

例えば、「それ」などの指示語が指す語を考えたり、段落ごとにどんなことが書かれているのかまとめながら読んだり、書いてある内容を思い出しながら読むようにします。

もし、問題集で教科書と同じ題材のものがあれば、テスト対策としてやっておくとよいでしょう。

テスト勉強は、問題をたくさん解くことが最も手っ取り早いからです。

【読解力は解説などが書きこまれていない文で練習して身につける】

▼本文

今は昔、丹波の国に住む者あり。田舎人なれども心に情けある者なりけり。それが妻を二人持ちて、家を並べてなむ住ませける。本の妻はその国の人にてなむありける。（今昔物語集巻第三十・十二）

▼訳・解説あり

今は昔、丹波の国に住む者あり。田舎人**なれ**ども心に情けある者**なりけ**り。

（断定／断定・過去）

今となっては昔のこと、丹波の国に住む者がいた。田舎者であるけれども心に風流な思いをもつ者であった。

それが妻を二人持ちて、家を並べて**なむ**住ませ**ける**。本の妻は

（係り結び／過去・体）

その男が妻を二人もっていて、家を並べて（それぞれの家に）通っていた。もとの

その国の人にて**なむ**あり**ける**。

（係り結び／過去・体）

（最初の）妻はその国の人であった。

▼現代文・古文（漢文）の読解問題の対策の仕方

訳・解説あり（左側）の文章をただながめたり読んだりするのではなく、何も書きこまれていない本文（右側）を、①音読（声に出して読む）→②黙読（声を出さずに読む）→③解釈（古文・漢文なら現代語訳をする）の順で読む

14 日本史・世界史 マンガや解説本で背景やイメージをつかむ

日本史や世界史と言えば、暗記科目の王様と言っても過言ではないでしょう。しかし、丸暗記すればテスト対策になるというほど甘くはありません。

とはいえ、歴史も「テスト効果」を活かして覚えることが、基本の対策となります。

その前に、漠然とでよいので**マンガや動画、解説系の参考書で、ざっと流れだけを理解しておく**ことをおすすめします。

例えば、江戸時代に末期養子の禁止が緩和されます。それまで跡取りのいない大名は死の直前に養子縁組で跡取りを立てるのが禁止されていました。跡取りのいない大名は取り潰し（領地没収）となり、お抱えの家臣がすべて浪人となり失業してしまうのです。そんな中、浪人となった由井（比）正雪が、幕府に反乱を起こすという大事件が起こります（慶安の変）。

さすがにこの事態を重く見た江戸幕府は、末期養子の禁止を緩和して、死の直前に養子縁組で跡取りを立ててもよいと方針転換しました。

残念ながら教科書によっては、ここまで詳しく書かれていません。

そこで、次の解説系参考書の出番です。

- **『金谷の日本史「なぜ」と「流れ」がわかる本』（東進ブックス）**
- **『青木裕司 世界史B講義の実況中継』シリーズ（語学春秋社）**

『金谷の日本史「なぜ」と「流れ」がわかる本』では、時代背景や流れなどを教科書よりも丁寧に解説してあります。それでいて4冊とコンパクトに収まっているので、マンガや動画、一問一答集と併用しながら基本を身につけるのに適しています。

世界史の場合は少しボリュームがありますが、『青木裕司 世界史B講義の実況中継』シリーズがおすすめです。

このように**歴史は丸暗記するだけではなく、時代背景を読み取りながら流れを理解することが大切**です。

【日本史・世界史の勉強法の流れ】

▼基礎練習
・マンガや動画、解説系の参考書などを見てイメージをつかむ
・一問一答集をくり返しやって重要語句を覚える

▼実践練習
・問題集をくり返し解く
・まちがえたところや理解があいまいなところを教科書や資料集などで確認する

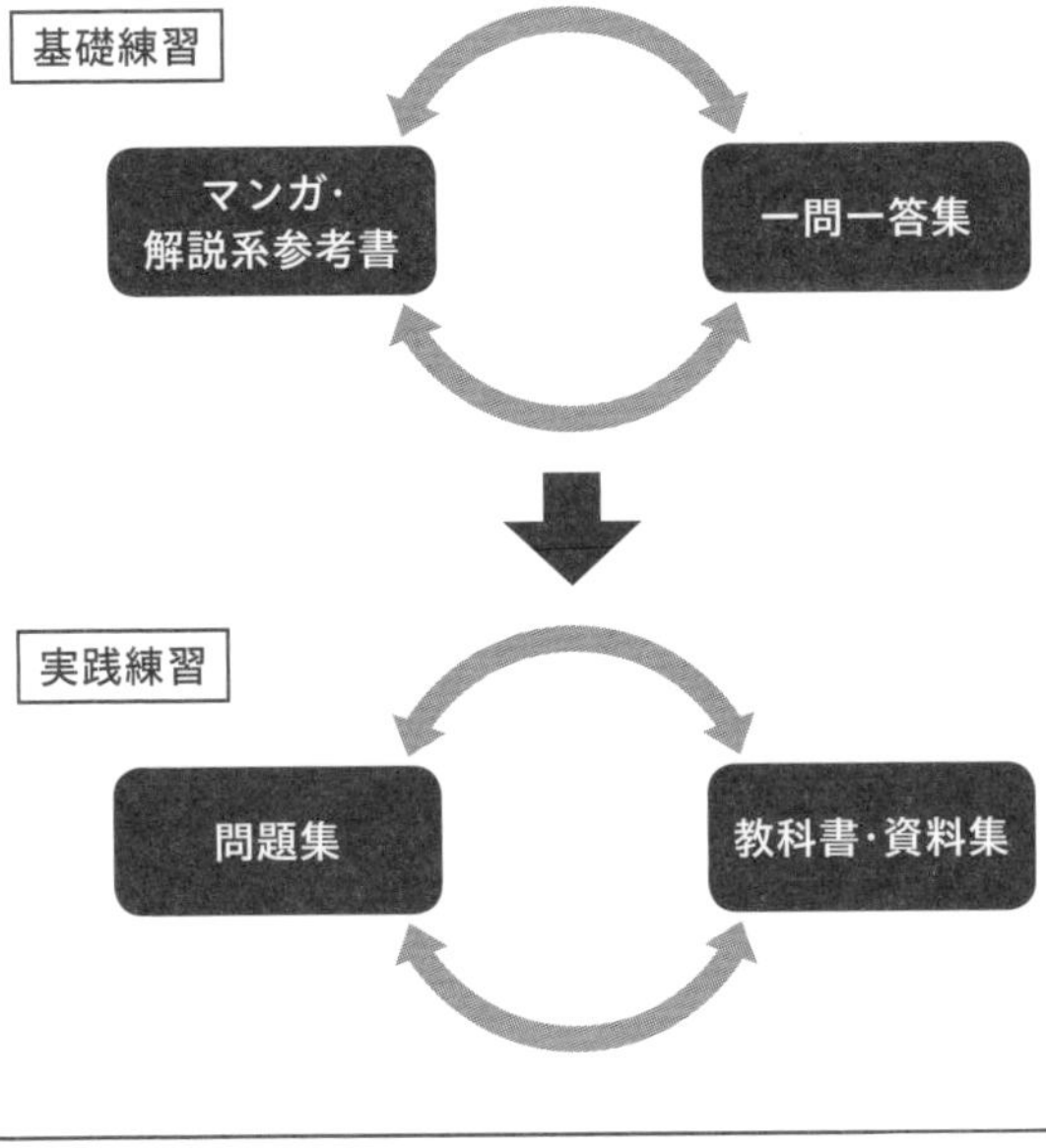

15

日本史・世界史

一問一答集で「テスト効果」を利用して覚える

歴史の重要語句は、英語で言えば英単語、数学で言えば計算力や公式・解法の知識といった基礎・基本となります。

マンガや動画、解説系の参考書でざっと**流れを理解したところで、一問一答集を使って重要語句の定着**を目指しましょう。

そこで、おすすめの一問一答集はこちらになります。

▼日本史・世界史のおすすめ一問一答集

・日本史…………『日本史B一問一答【必修版】』（東進ブックス）

・日本史史料……『日本史史料一問一答【完全版】』（東進ブックス）

・世界史…………『時代と流れで覚える！世界史B用語』（文英堂）

日本史の場合は、『日本史B一問一答【必修版】』がおすすめです。出題頻度が星2〜3の重要語句だけを収録していて、左側が問題、右側が解説になっています。とりあえず偏差値55くらいを目指す人は、こちらを使うとよいでしょう。

また、最近では史料問題がよく出題される傾向にあるので、『日本史史料一問一答【完全版】』もおすすめです。重要史料を一問一答集にしたもので、定期テストはもちろん、共通テストから大学の個別試験まで幅広く対応しています。

世界史の場合は、『時代と流れで覚える! 世界史B用語』がおすすめです。地域ごとにまとめられており、一問一答式というよりは、地図問題やかっこ埋め問題など、バラエティに富んだ出題形式になっています。

定期テストはもちろんですが、大学受験対策にもなるので、選択科目で世界史を選ぶつもりの人は一冊買っておいて損はないでしょう。

やり方はこれまで紹介してきたように、付属の赤シートを使ってテンポよく口頭で答えを言っていきます。もちろん、よくまちがえる問題にはチェック印をつけるのを忘れないようにしましょう。

16

日本史・世界史
問題集を解いて、教科書・資料集で確認する

マンガや動画、解説系の参考書と並行しながら一問一答集で**基礎・基本が身についたところで、次に取り組むのは実践練習**です。

定期テストでは、いろいろな形式で出題されます。それぞれの形式に慣れるためにも一問一答集だけではなく、かっこ埋め問題や地図問題、史料問題など、いろいろなパターンの問題を解いて練習するようにしましょう。

この実践練習は、授業ノートやプリントではできません。授業ノートやプリントではながめるくらいしかできないからです。

重要語句を赤ペンで書いておいて、赤シートでかくして読むこともできますが、くり返し読むことで、むしろ「問題慣れ」してしまうというデメリットもあります。

いずれにしても、**いろいろな形式に慣れることがねらいなので、問題集を一冊買って、くり返しやるとよい**でしょう。

1〜2周目はノートやルーズリーフに解いたり、口頭で答えを言ってみたりします。3周目くらいに直接書きこんで解くようにしましょう。

もちろん、わからなかった問題やまちがえた問題は、赤ペンで正答を書きこまずにチェック印だけをつけておきます（カンで答えた問題も誤答と同じ扱いにする）。

あとで復習するときは、まちがえた問題だけをくり返し解くようにします。

こうした問題演習と並行して、テスト前は教科書や資料集などで、自分がわかっていないことを確認するようにしましょう。

特に世界史の場合は、国や地域ごとに学ぶので、横のつながり（同時代の別の国や地域）の理解が弱くなります。例えば、イスラム世界でアッバース朝が栄えたころ、他のアジア地域やエジプトではどんな国が栄えたかという横のつながりを年表や地図などで確認する必要があります。

実践演習では、このような横のつながりも意識した勉強を心がけるようにしましょう。

【年表や地図などで横のつながりを確認する】

イスラム世界では正統カリフ時代のあと、ウマイヤ朝を始め、サーマーン朝、ブワイフ朝、ファーティマ朝など多くの王朝が成立します。

これを丸覚えすると大変なので、年表や地図に表すなどして、横のつながりや流れも理解するようにします。

なお、シーア派はブワイフ朝、ファーティマ朝、サファヴィー朝の３つだけと覚えましょう。

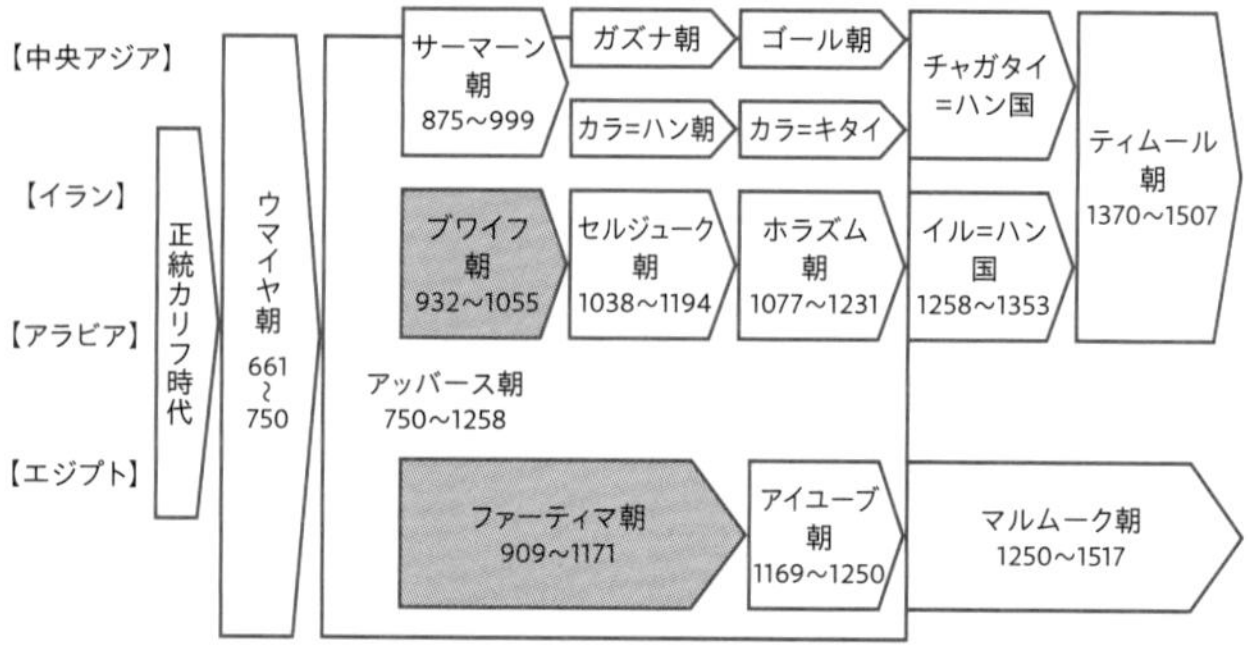

17

物理基礎・物理

公式にあてはめる数値を書き出す

中学とちがって高校では、理科は物理、化学、生物と科目別に学ぶことになります。多くの高校では、1年生のうちに「○○基礎」と呼ばれる科目を2つほど履修するはずです。

その中でもネックになるのが「**物理基礎**」です。

xだけでなくvとかtとかいろいろな文字が入った公式が出てくるので、パニックになる人も少なくありません。

▼物理基礎・物理の勉強のポイント

・一覧表をつくって公式を覚える

・公式にあてはめる数値を書き出す

物理基礎の勉強で大切なことは、**まず、公式を覚えること、そして、公式にあてはめる数値を書き出しながら問題を解くこと**の2点です。

また、数学でもそうなのですが、よく「公式は覚えるだけではダメだ」と言う人がいます。言いたいことはわからないでもないのですが、そもそも理数科目が苦手な人は公式の意味がわからないから苦手なのです。

ですから、みんながみんな無理をして公式の意味まで理解する必要はありません。ただし、理解できるものから順に、少しずつ理解していく姿勢は大切です。

物理も数学も、公式は必ず覚えましょう。当たり前ですが、そうでないとテストで点数がとれないからです。

そこで問題になってくるのが公式の覚え方でしょう。

落下運動などの公式は「リハーサル方略」を使って、「$v = v_0 + gt$（ブイイコール、ブイゼロプラス、ジーティー）」と、何十回でも何百回でもくり返し口ずさむことが大切です。

- $v = v_0 + gt$

・$x = v_0t + \frac{1}{2}gt^2$

問題演習のときには、必ず問題にある数値を書き出すようにしましょう。例えば、vがいくつ、v_0がいくつ、gはいくつで、tがわからないと書き出すことで、使う公式は $v = v_0 + gt$ ということがわかるからです（次のページ参照）。

物理のテストで一番困るのは、問題を読んでどの公式を使うのかがわからなくなることです。

もちろん、公式をしっかり覚えていない場合は全く解けませんが、公式を覚えていても、どの問題でどの公式を使うのかを瞬時に見極めるのは困難です。

ですから、問題を見て、まずわかっている数値は何かを書き出し、次に何を求める問題なのか（xなのかtなのか）を書き出すことで、いったん頭の中を整理します。

こうして一通り書き出すことで、「何がわかっていて何がわかっていないか」がわかります。このようにいったん整理した後で、問題を解くようにしましょう。

あとは、まちがえた問題や解き方がわからずに解説などを見てしまった問題を、自分の力だけでできるようになるまでくり返し解くようにします。

【物理基礎・物理は数値と公式を書き出す】

▼鉛直投げ上げ問題

地上から小球を初速度19.6m/s で真上に投げ上げた。重力加速度の大きさを$9.8m/s^2$として、次の問いに答えよ。

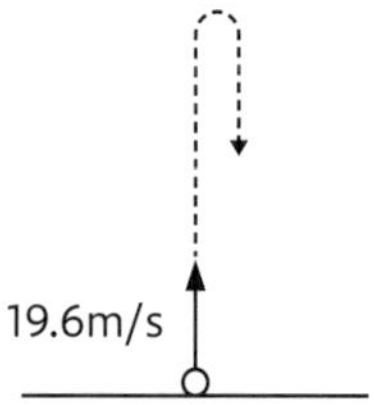

（1）小球が最高点に達するのは何秒後か。
（2）最高点の高さは何mか。

▼解き方

（1）問題にある数値を書き出す

$v_0 = 19.6$

$v = 0$　（←最高点なので速さが0）

$g = 9.8$

$t =$ ？

→$v = v_0 + gt$の公式を使うとわかる

（2）（1）で求めた$t = 2.0$と合わせて

$x =$ ？　（←最高点がわからない）

$v_0 = 19.6$

$v = 0$

$g = 9.8$

$t = 2.0$

→$x = v_0t + \frac{1}{2}gt^2$の公式を使うとわかる

18 化学基礎・化学 基本法則を身につける

化学は物理や生物と比べ、化学式といった覚えるべきことや理解すべき基本法則などはもちろん、計算問題も多く、総合力が問われる科目です。

例えば、元素記号は丸暗記するだけでなく、周期表も頭に入れて特徴や基本法則なども理解していなければいけません。

また、応用分野である有機化学では、モノ、ジ、トリなどのギリシャ数字を冠した有機物など、膨大な量の化合物や化学式を覚えなければいけません。

これは**すべて丸暗記するのではなく、法則を理解して覚えることが大切**です。

そのためには、次に紹介した参考書や教材を利用するとよいでしょう。

▼化学基礎でおすすめの参考書・教材

・『宇宙一わかりやすい高校化学』シリーズ（学研プラス）

・原子モデルカードゲーム（アーテック）

『宇宙一わかりやすい高校化学』シリーズは、図やイラストを多く使用した解説系の参考書です。**教科書や学校の授業プリントだけでは理解が難しいことは、このような参考書を読んでみる**ようにしましょう。

原子モデルカードゲームは、H、C、Oなど元素記号を使ったカードゲームです。H_2SO_4や$Cu(OH)_2$など、**化学式（組成式や分子式）をイメージするのに役立ちます。**ただし、CaやAlなどのなじみの元素がないので、白色のカードで代用するとよいでしょう。

また、YouTuberの中には化学の実験をアップしている人もいます。ネットで売っていた「金（Au）」が、本物かどうか王水に溶かして実験してみる動画など、教科書だけではイメージできないことを学ぶことができます。

これらと並行して、問題集を解いて実践練習をするようにします。

19

生物基礎・生物
バイオームは「ツン針夏照熱」と語呂で覚える

生物は多少計算問題があるものの、基本は暗記が必要な科目になります。

勉強の仕方は、まず、**学校の授業プリントを中心に一問一答集と併用して重要語句を覚える**ようにしましょう。

それと並行して、マンガや動画、解説系の参考書を見て、イメージで理解するようにします（二重符号化）。

▼生物基礎でおすすめの参考書

・『はたらく細胞』シリーズ（講談社）

・『宇宙一わかりやすい高校生物「生物基礎」』（学研プラス）

生物分野のマンガは、赤血球や白血球などを擬人化した『はたらく細胞』シリーズがおすすめです。

また、『宇宙一わかりやすい高校生物「生物基礎」』は、図が多くてすらすら読めるので、教科書や授業プリントではわかりにくいという人は、一冊買っておくとよいでしょう。

重要語句の中には、どうしても覚えなければいけないものがあります。例えば、バイオーム（生物群系）です。

気温と降水量が上がるにつれて、ツンドラ、針葉樹林、夏緑樹林、照葉樹林、亜熱帯多雨林、熱帯多雨林と植生が変わっていきます。

このような語句は頭文字をとって「ツン針夏照熱（つんばりかしょうねつ）」など、語呂をつくって覚えるようにしましょう。

もちろん丸暗記するだけでなく、**バイオームが寒帯、冷帯、温帯、熱帯という気候帯と関係していることにも注意して理解を深める**ことも忘れないようにしましょう。

最後に問題集をくり返し解いて、実践練習をします。

20

数学・物理
公式は丸暗記＋意味や導き方も理解しておく

公式は覚えるべきか導き方を理解するべきかという議論に出くわすことがあります。

結論を言えば、**まずは丸暗記したほうがよい**でしょう。

しかし、それだけでは不十分です。ど忘れするということもあるからです。

例えば、数学の「加法定理」は丸暗記でも語呂合わせでも、絶対に覚えておいたほうがよい公式です。「咲いたコスモス、コスモス咲いた」という有名な語呂があるので、くり返し口ずさんで覚えるようにしましょう。

また、公式は問題演習のときに書けないと意味がないので、覚えられるまでは毎回書くようにするなど工夫も必要です。

さて、加法定理を応用した「倍角の公式」というものがあります。こちらは丸暗記したほうが早いかというと正直微妙です（195ページ参照）。

というのも、sin2 α の場合は加法定理から導いたほうが早いからです。また、詳しくは紹介しませんが、cos2αの場合はいくつか形があります。それらを全部覚えるのは大変なので、丸暗記よりは導き方を理解しておくほうがよいでしょう。

このようにまずは丸暗記して、必要に応じて公式を導く（変形して別の形を求める）ことが大切です。

物理の場合、例えば「v＝fλ」という「波の公式」があります。これもまずは、「ブイイコールエフラムダ」と10回でも100回でも口ずさんで覚えるようにします。

理由は、問題演習のときに公式がすぐに出てこないと困るからです。

しかし、特に物理の場合は丸暗記だけでは、いずれ行き詰まります。

例えば、vとTがわかっていて、λを求めよと言われたらどうでしょうか。これは公式の意味がわかっていれば、それほど難しい問題ではありません。

実は、数学や物理が得意な人は、このように公式の丸暗記と意味の理解をうまく使い分けている人と言えます。

とはいえ、数学や物理は苦手な人は少なくありません。覚えるべきものはさっさと覚え、導き方や意味は少しずつ理解するという姿勢を大切にしましょう。

【公式を覚えるだけでなく理解するとは？】

数学や物理では多くの公式を覚えなければいけません。何回も口ずさんだり語呂を使ったりして覚えます。

■加法定理は絶対覚える

$\sin(\alpha+\beta)=\sin\alpha\cos\beta+\cos\alpha\sin\beta$

$\cos(\alpha+\beta)=\cos\alpha\cos\beta-\sin\alpha\sin\beta$

倍角の公式は、加法定理を応用すれば導くことができます。暗記しておいたほうが何かと便利ですが、ど忘れしたときのためにも導き方も理解しておきましょう。

■倍角の公式は加法定理から導く

$\sin2\alpha$

$=\sin(\alpha+\alpha)$

$=\sin\alpha\cos\alpha+\cos\alpha\sin\alpha$

$=2\sin\alpha\cos\alpha$

■波の公式も暗記＋理解が重要

$v=f\lambda$

基本は、「ブイイコールエフラムダ」と口ずさんで覚えます。しかし、物理の公式の多くは丸覚えでは通用しないので、導き方も理解しておきましょう。

f ＝振動数＝$\dfrac{1}{T}$

時間でわるのと同じこと！

T ＝周期（＝時間）

λ ＝波長（＝道のり）

↓

速さ＝道のり÷時間なので

$v=\dfrac{\lambda}{T}=f\lambda$

コラム2

高校受験の偏差値50は大学受験ではビリ!?

高校を受験するときに「偏差値」という言葉を耳にしたことでしょう。

偏差値とは分布の様子がわかる指標で、50を真ん中として±10（40～60）の間に全体の約68%が収まります。高校受験で偏差値50の場合は、中学生のだいたい真ん中くらいということになります。

しかし、大学受験ではビリ同然です。なぜなら、高校生のうち大学へ進学する人は約５割いるからです。

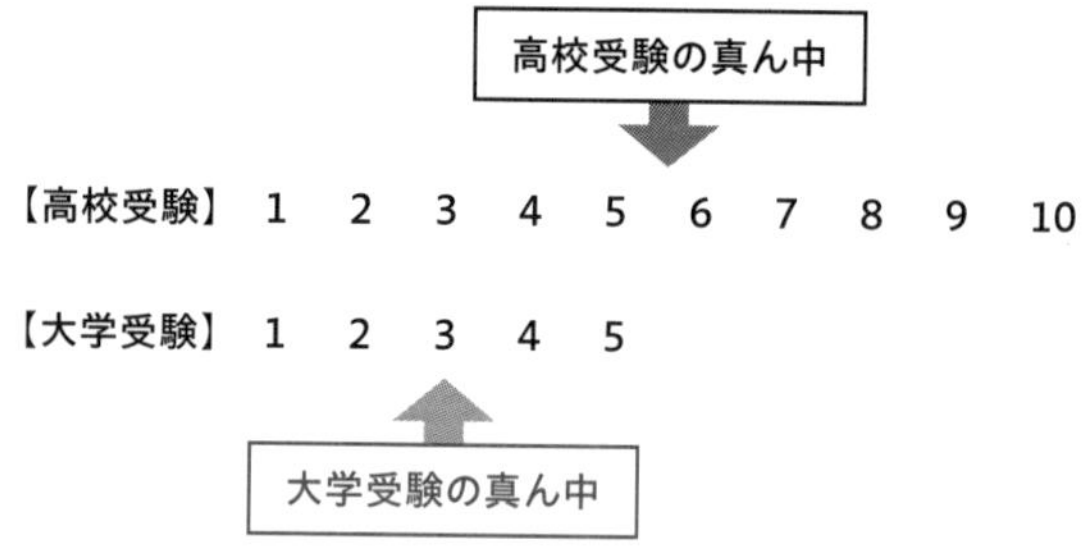

ちなみに、高校受験の時点でだいたいどれくらいの偏差値だったら大学受験で真ん中くらいになると思いますか。

都道府県によって大学受験の志願者に偏りがあるのではっきりしたことは言えませんが、高校受験の時点で偏差値57くらいあってようやく大学受験では真ん中くらいになります。

とはいえ、高校に入ってから伸びる子もいます。つまり、大学受験でよい結果を残せるかどうかは、高校に入ってからのがんばり次第ということになります。

第6章

文理系統・学力レベルにも対応！［学年別］勉強法

1

高1の前半

定期テストのペースをつかもう

高1の前半は、定期テストのペースをつかむことが大切です（次のページ参照）。

まず**NG例ですが、テストの1週間前から勉強**を始めています。開始が遅いですね。しかも、勉強する教科がかたよっていることがわかります。さらには、最終日の前日にあわてて地理をやっているのがバレバレです。

一方、**OK例ですが、テストの2週間前からまんべんなく、しかもバランスよく勉強している**ことがわかります。1日おきに国語、地理とローテーションを組んでいるのも「分散効果」が意識されています。また、1日に数学をまとめて勉強する場合でも、数学→英語→数学と、間に別の教科をはさむ「インターリーブ」が意識されています。

このように、NG例ではなくOK例のように、間隔を空ける分散効果や一つの教科に集中しないインターリーブを意識してテスト対策をするようにしましょう。

【定期テストのスケジュールの立て方】

科目数が多くてわかりにくくなるので、国語、英語、数学、理科、地理・歴史の５教科で考えてみます。

【NG例】勉強する教科が集中したり、かたよったりしている

	日	月	火	水	木	金	土
テスト 2週前							
テスト 1週前	数学 数学 数学 数学	数学 数学	英語 英語	英語 英語	英語 英語	国語 国語	理科 理科 歴史 歴史 英語
テスト の週	理科 理科 歴史 歴史 英語	数学 数学 国語 国語	地理 地理 地理 地理				
テスト 時間割		理科 歴史	数学 国語	英語 地理			

開始が遅い

教科がかたよっている

前日に詰めこみすぎ

例：【英語】で英語の勉強２時間分と計算

【OK例】2週前から間隔を空けてまんべんなく勉強している

	日	月	火	水	木	金	土
テスト 2週前	数学 英語			英語			数学
テスト 1週前	数学 英語 数学 理科 歴史	英語 国語	数学 地理	英語 国語	数学 地理	英語 国語	数学 英語 数学 理科 歴史
テスト の週	理科 歴史 理科 歴史	数学 国語	英語 地理				
テスト 時間割		理科 歴史	数学 国語	英語 地理			

一つの教科を間隔を空けて勉強する

前日は早く寝るために無理をしない

例：【英語】で英語の勉強２時間分と計算

2

高1の後半
得意科目を伸ばそう

高校では、テスト週間だけでは圧倒的に勉強時間が足りません。そのため、テスト2週間前からテスト勉強を始めるのがよいでしょう。このようなペースをつかむだけでも少し時間がかかります。

とはいえ、あれもこれもテスト勉強に追われてしまっては、苦手な科目や時間をかけてじっくり勉強しなければいけない科目がおろそかになってしまいます。

そこで**高1の後半は、苦手な科目の克服に労力を費やすよりも、まずは得意な科目を伸ばすことを意識する**ようにしましょう。

これには理由が2つあります。

1つ目は、得意科目を伸ばすことで成功体験を得るためです。あなたが進学した高校のレベルにもよりますが、中学生のときにオール4くらいの成績があたり前だった人が集まる高校もあれば、学年順位で1ケタばかりの人が集まる高校もあります。

そんな中で、真ん中より上の成績を残すことは簡単ではありません。ましてや中学と比べて勉強の難易度が上がっています。ですから、まずは得意な科目を伸ばすことで、「高校ではこの勉強のやり方でやっていける」という自信をもってもらう必要があります。そのためには、得意な科目で結果を出すことが何よりも大切です。

2つ目は、1年生の間に得意科目をつくって徹底的に伸ばしておくことが自分の武器になるからです。

これは定期テストはもちろんですが、ゆくゆくは大学受験でも武器になります。得意科目で点数を稼ぐことができれば、総合得点で学年上位に入ることも可能になり、また、評定平均を高めることにもなるからです。

少し気が早いですが、志望校選びのときに得意科目があることで、受験できる大学や学部の幅が広がることにもつながります。

このように得意科目があるということは、高校では大いに武器になります。

1年生の間にどれだけ得意科目をつくり伸ばせるかが、その後の高校生活を左右すると言っても過言ではないでしょう。

3

高2へ向けて

失敗しない文理選択の考え方

高校によっては、2年生から文理コースに分かれるところがあると思います。特に文理選択で注意してほしいのは、理系を選択する場合です。国語や歴史が苦手だから理系を選択するという消極的な理由で文理選択するのはやめましょう。

理系を選ぶ場合は、最低でも数学か理科、できれば数学と理科の両方が得意であることが望ましいでしょう。

ただし、理科は旧帝大レベルの大学を目指す場合を除いて、物理も化学も全部できる必要はありません。とりあえず生物、物理、化学のどれか1科目が得意なら大丈夫でしょう。

【数学・理科で上位2割以内】↓理系でもやっていける可能性大

【数学・理科で上位3割以下】↓理系でやっていくのは厳しい

理系を選択する場合、高校にもよりますが、目安は1年生の定期テストで平均点＋20点以上（学年で上位2～3割以内）とれるかどうかです。平均点＋ちょっととれるレベルでは、理系でやっていくのは厳しいと思います。

実際、私の塾生の中にも「文転」と言って、途中で理系コースから文系コースに変更する生徒がときどきいます（とはいえ、ほとんどが自主的なケースですが）。

ここまで慎重さを求める理由は、**理系コースに進んで定期テストや全国模試で平均点以上をとれずに苦しんでいる高校生が少なくない**からです。理系に進む場合は、それくらいの覚悟をもって1年生のうちから勉強しておきましょう。

また、文系でも国公立大コースか私大コースかの選択も慎重さが必要です。

なぜなら、**国公立大コースは、文系とはいえ大学入学共通テスト対策として、理科（基礎）や数学が必要**だからです。途中で国公立大をあきらめて私大を目指すとなった場合、これは大いに足を引っ張ることになります。

参考までに、国公立大に入れる高校生は約10名に1名です。難関私大を目指す人もいますが、国公立大を目指すには、それなりの成績が必要なのがわかるでしょう。

4

高2の前半

苦手科目を克服しよう

高校生活も2年目となると、校内での学力格差がはっきりと現れます。
それと同時に、個人の中で得意科目と苦手科目の差がはっきりと分かれる人も出てきます。

【国公立大タイプ】……国・地歴・公民・数・理・英がバランスよくできる
【文系私大タイプ】……英・国・地歴・公民のうち2科目以上ができる
【理系私大タイプ】……英・数・理のうち2科目以上ができる

国公立大を目指すのであれば、いわゆる5教科がまんべんなくできる必要があります。もちろん、1、2科目くらいは苦手な科目があってもそれほど問題ではないですが、少ないほうがよいのは言うまでもありません。

ですから、2年生の間になんとしても苦手科目を克服してほしいと思います。

そういう私も、理数科目は定期テストで何回か満点を、模試でも偏差値60〜70くらいをとっていましたが、英語だけは苦手でした。

しかし、2年生になったとき、それまで定期テストで一度もとったことがなかった80点台をとることができました。

そのときの英語の担任の先生の教え方がわかりやすかったというのもありますが、自分なりに苦手な英語を克服しようとがんばったおかげかもしれません。

いずれにしても、2年生の間に苦手な科目を克服することは大切です。

以前は今ほど勉強法に関する情報がありませんでしたから、とにかくがむしゃらにやるしかありませんでした。

しかし、今はネットを中心に勉強法に関する情報はたくさんあります。

国公立大を目指すのであれば、文系科目も理系科目もまんべんなくこなせるように、苦手科目の克服を意識しましょう。

文系、理系を問わず私大を目指す場合でも、受験科目すべてが得意科目という人はそれほど多くはありません。**なるべく苦手な科目を減らしておくことが大切**です。

5

高2の後半 受験を意識した勉強を始めよう

高2の後半では、そろそろ受験を意識した勉強を始めることが大切です。とはいっても、まだ赤本のような過去問に手をつける必要はありません。

定期テストでよい成績を残すことはもちろんですが、**模擬試験（模試）で全国の高校生を相手に好成績を残せるように実力を伸ばす**必要があります。

【難関大学を目指す】………得意科目で偏差値60以上
【中堅大学を目指す】………得意科目で偏差値50以上

実力を伸ばすのに必要なのは、テスト範囲に関係なく結果を出せる力、いわば総合的な得点力です。2年生で習ったことはもちろんですが、1年生で習ったこともできるようにする必要があります。当然、大切になるのは「**復習**」です。

特に数学や理科、歴史などでは徹底した復習が必要です。英語の場合は文法問題や長文読解、英作文など、今まで身につけた力を発揮する実践力が問われます。

そんなときにポイントになってくるのが得意科目です。

ここまでに**得意科目をどれだけ伸ばしてきて、全国模試レベルでどれだけの成績を残せるかが今後を占うカギ**になるでしょう。

模試には、大学入学共通テストや私立大学の入試を意識したマーク式と、国公立大学の二次試験を想定した記述式があります。また、東大模試や小論文模試などのように、特定の大学や出題形式に沿ったものもあります。

これらは高校の校内順位だけではわからない実力を見るのに適しています。**高校のレベルにもよるので、平均より上にいるから安心（＝偏差値50以上ある）というわけではない**ので注意が必要です。

模試などで高得点がとれる実力アップのための勉強は、一言、総合的な問題を解いて練習するしかありません。模試の過去問などが市販されているので、2年生のうちに一冊購入して、習った範囲の問題に挑戦してみるとよいでしょう。

6

高3へ向けて
国公立大か私大か志望校を考えよう

3年生になるころには、おおむね志望校の方向性は決まってくると思います。

国公立大学を目指す場合は、いわゆる5教科（2025年からは情報も加えた6教科）をバランスよく学ぶ必要があります。

一方、私立大学を志望する場合は、文系であれば英・国・地歴・公民＋数の中から2〜3科目を、理系であれば英・数・理・国の中から2〜3科目を選んで受験することになります。

その前に、総合型選抜や学校推薦型選抜で大学進学を目指す場合は、「一定の評定平均」をとる必要があります。実力アップはもちろんですが、定期テストで着実に得点し、高い評定がとれるようにしなければいけません。

このほかにも志望理由書や小論文、面接・プレゼン対策なども必要で、これらはどのようにやるかというテクニックの話よりも、高校時代にどんなことに取り組んだか

という中身が重要になります。

私は自塾で教科の勉強を教えながら、全国の高校で小論文や志望理由書の書き方講座などを行っています。そんな中で、小論文や志望理由書は書き方だけを教えてもなかなかうまくならないことを痛感しています。

大切なことは、**「どんなことを書くか」**という内容です。これは、高校時代にいろいろな体験をした人しか書けません。

英語や数学などの教科の勉強も大切ですが、そもそも何のために大学へ行くのか、自分が目指している大学がどんな大学なのか、調べたり考えたりすることも大切です。

最近では「高大接続」と言って、高校生のときから大学の教育を受けることができたり、外部から講師を呼んで教科書にはないことを学んだりすることができます。

国公立大か私大かという志望校選びの前に、そもそもどんな大学があるのか、大学にはどんな学部・学科があってどんなことが学べるのか、そういう情報収集が必要です。

そのためには**2年生のうちから、積極的に大学のオープンキャンパスや公開講座などに参加する**ようにしましょう。

7

高3の前半

「過去問」を調べて受験対策を始めよう

おおむね志望校の方向性が決まってきたところで、高3の前半にやってほしいことは「**過去問調べ**」です。

まずは、**書店に行って赤本などの大学の過去問を調べてみましょう**。

ただし、毎年春先には撤去されてしまうので、2年生の2月くらいまでに一度、書店に見に行ってみるとよいでしょう。

ほかにも高校には進路指導室があり、そこには全国の過去問があります。古いものから新しいものまで、高校の先輩たちが使った過去問がずらりとならんでいます。

過去問を3年生の春にやるのは少し早いと言う人もいます。

しかし、私立の中高一貫校の中には、3年生の春までに高校3年間の学習内容を終えてしまうところもあります。こうして、3年生で丸1年間を大学受験対策にあてる高校もあるほどです。

ですから、残念ながら公立の進学校の多くは、大学受験への出遅れ感があるのは否めません。とはいえ、あせってもしかたがないので、まずは過去問を調べて、大まかな出題傾向をつかむことが大切です。

受験科目は何か、英語では文法問題が出題されるのか、小論文でよく出題されるテーマは何かなど、出題傾向に合わせて早めの対策が必要になります。

国公立大を目指すのであれば、共通テスト対策だけでなく、各大学の二次試験対策も必要です。

また、私大の場合は、大学によって出題傾向や難易度なども異なります。

そんな中で、3年生の夏までにやれる対策からやっておくとよいでしょう。

例えば、「共通テスト対策」です。全問マーク式の上、問題文がやたら長く条件も複雑なものが多いため、出題傾向に慣れるのに時間がかかります。

マーク式対応の模試で、9～11月ごろまでにはそれなりに結果を出しておかないと不安です。

マーク式の問題集は、共通テストだけでなく私大対策にもなるので、習った範囲のものから進めておくとよいでしょう。

8

高3の後半
模擬試験で実力を測りながら合格を目指す！

最後は、高3の後半の勉強のポイントです。

夏休み中に本格的な受験対策を始めているのはもちろんですが、**9月ごろには総合型選抜や学校推薦型選抜について、高校の校内審査の結果が出ます**。

これは1年生から3年生の2学期中間（前・後期制なら前期）までの評定平均が基準を満たしているかどうかで決まります。

一方、**一般選抜で合格を目指す人は、ここからは少しでも合格可能性を高めるための対策が必要**です。特に重視してほしいのが、模試の結果に一喜一憂せず、今必要な勉強が何かを分析して対策をとることです。

模試はその性質上、必ずしも志望校の出題傾向にマッチしているわけではありません。しかし、多くの受験生がそのような条件で同じ模試を受けているのですから、判定などの結果に対して言い訳はできません。

英語の長文読解で点がとれていないことがわかったら長文対策が必要ですし、国語の読解問題（評論や文学作品）が弱いと思えばその対策が必要です。

また、志望する大学によって対策は異なるので要注意です。

【国公立大】……共通テスト＋二次試験（の記述）対策
【難関私大】……各大学の個別試験対策＋細かい内容（＋共通テスト対策）
【中堅私大】……各大学の個別試験対策

国公立大は共通テスト対策だけを行えばよいわけではありません。**「二次試験の記述対策」**も並行して進めましょう。

また、私大の中には共通テストが合否に関わる方式もあります。募集定員がそれほど多くないのでメインの受験方式にはなりにくいですが、国公立大や難関私大を目指す力がある人は、個別試験と共通テスト対策の両方をやっておくとよいでしょう。

なお、中堅私大志望の人は、基本的には共通テスト対策は必要ありません。各大学の個別試験対策に全力を注ぎましょう。

おわりに

王道の勉強法こそが未来を拓く

『［いとう式］高校勉強法』を最後まで読んでいただき、ありがとうございます。

この本は、ある想いから出版がかなった本です。それは、高校での勉強にくじけそうになっている人、大学受験をあきらめかけている人に、高校の勉強に前向きになってもらいたいという想いです。

高校によっては、中学で1ケタ順位をとっていた人が100人も200人も集まるところもあります。また、「自称進学校」と呼ばれる、大量の課題や補習で生徒を管理するところもあります。

そんな高校で、着実に実力を伸ばして成績を上げている高校生もいれば、成績が伸び悩み、下位に甘んじている高校生もいます。

両者の決定的ちがいは何だと思いますか？

それは、いかに効果的、効率的に勉強しているかどうかのちがいです。中学はもちろん、高校でも成績を伸ばしている人は、このちがいをいち早く察知し、うまく修正できた人と言えます。

確かに高校に入るまでは、質より量の勉強でもそれなりに対応できました。しかし、高校での勉強、ましてや大学受験の勉強となると、量だけの勉強では立ち行かなくなるのです。

そんな現実に気づいてもらい、勉強に対する心構えを改め、いち早く立て直してもらうためにできたのがこの本なのです。

高校の勉強は正しい方法で勉強すれば、誰でも成績アップが可能です。それを実現したのが、私が大学と大学院で学んだ心理学の理論と、進学塾での指導の経験です。勉強もスポーツも、正しい学び方で学べば確実に伸びるのです。残念ながら、それを多くの大人、学校教師、塾講師、そして親が知りません。

まるで垂直な崖を登らされているかのような困難な課題や大量の課題、足りない授業時間を補うために早朝補習や業後補習、土曜講座がある高校もあります。

それでいて、何か具体的なコツやアドバイスを教えてもらえることは、ほとんどないでしょう。それは学校はもちろん、塾や予備校であっても同様です。

地方の小さな塾では救える生徒はごく限られています。それでも、長年蓄積したノウハウを本にまとめて世に出すことができれば、全国の高校生に届けることが可能です。

本書の最後にあなたにメッセージを送るとしたら、「どうやって勉強したらよいか考えてやることがいかに大切か」ということです。

登下校や部活動、課題などでくたくたになりながらも、毎日、2時間、いえ1時間でもよいので、着実に勉強時間を確保することが何よりも大切です。

この本で特にエネルギーを注いだのが、毎日をテスト勉強のつもりでやることの大切さをあなたにわかってもらうことです。

分散学習やインターリーブなど、専門用語を使いましたが、分散学習は学習理論の中では最強の学習法と呼ばれるほど効果的、効率的な学習法です。

例えば、英単語はテスト前にあわてて覚えるよりも、毎日10分ずつでもよいので1週間、2週間と続けるほうが定着率は高くなります。

このように、効果的、効率的なやり方で、毎日、コツコツ勉強することが高校では王道の勉強法になります。

本書の出版にあたって大きなきっかけとなったのが、『［くにたて式］中学勉強法』（大和出版）などを出版している國立先生との出会いです。この本の読者の中にも、國立先生の本を読んで勇気づけられたという人もいるでしょう。

実は、出版の何年も前から國立先生とは交流がありました。ブログやフェイスブック、セミナーはもちろん、食事にも何度かご一緒したことがあります。塾の場所も隣町という関係です。もし、國立先生との出会いがなかったら、この本は世に出ていなかったことでしょう。そして、もしこの本が世に出ていなかったら、あなたはこの本に出会えていなかったはずです。

だれかとの出会い、何かとの出会いが、その後の人生に大きな影響を与えることはよくあることです。あなたには、この本との出会いが高校生として、そして、大学受験生として何かのきっかけとなってもらえれば幸いです。

最後に、本書の出版にあたって企画の段階からアドバイス、そしてご尽力いただきました竹下さんに、厚く御礼申し上げます。

勉強のやり方専門塾　ネクサス代表　伊藤敏雄

87.8%が偏差値10以上アップ！

[いとう式《しき》] 高校勉強法《こうこうべんきょうほう》

2023年 2月28日　初版発行

著　者……伊藤敏雄《いとうとしお》

発行者……塚田太郎

発行所……株式会社大和出版

東京都文京区音羽1-26-11　〒112-0013

電話　営業部03-5978-8121／編集部03-5978-8131

http://www.daiwashuppan.com

印刷所……信毎書籍印刷株式会社

製本所……株式会社積信堂

ISBN978-4-8047-6407-8